手に取るようによくわかる！

他人の心理と自分の心理

おもしろ心理学会［編］

青春出版社

はじめに

人の数だけいろいろな考え方や悩み、好みなどがある。そのことをもって、人の心はわからないと捉えるか、心を読むことはできるはずと捉えるかで、人生は変わってくる。

本書のスタンスは明らかだ。他人の心理をキチンと読み解き、自分の心の状態を正しく知れば、お互いの心理が手に取るようによくわかる。さらに、そうした人間心理の原理や法則を、ふだんの生活や、仕事のさまざまな場面で活かせれば、周囲に振り回されてストレスを溜め込むことも避けられる――。

この本では、そのためにおさえておきたい心理の技法を取り上げ、「他人の心理」と「自分の心理」の二方向から検証した。

たとえば、空気を読みすぎる人が誰とも仲良くなれない理由、何をやっても長続きしない人の意外な共通点、目標達成できる人が実践する意外な習慣……ほか、気になる「こころ」の法則が満載だ。

自分の心を強くし、人間関係をスムーズにするために、人生のさまざまな局面で活用していただきたい。

2017年1月

おもしろ心理学会

手に取るようによくわかる！　他人の心理と自分の心理◆目次

はじめに　3

第1章　心のサインは、必ず「ことば」にあらわれる　19

「感じのいいメール」をいつも送ってくる人の深層心理　20
やりもしないのに、「絶対ムリ！」と言えちゃう人の心の中は？　21
「やっぱ」で片づけるのはあまり深く考えないタイプ　22
「知ってる」が口グセの人は無気力で知識が浅い？　23
予想外のことに出食わすとすぐ逃げ出す人のよく口にする言葉とは？　25
「困った」と言う人はなぜ、自分で解決しようとしないのか？　26
何でも「でも…」と反対する人は自分を中心に考えている　27
世の中に難クセをつけたがる人は虚栄心のカタマリ　29
エッチな話をしたがる男性は性的コンプレックスが強いから!?　30
「よかったらメールして」はマジで誘ってる!?　31
「だから言ったのに」という人は相手の失敗を喜んでいる人　33
「まだできないの？」と言ってしまうタイプがチーム仕事をすると…　34
〝不幸ネタ〟が止まらないのはじつは同情してもらいたいサイン　35
「ここまで大変だった」と大風呂敷を広げるのは仕事がデキるのを誇示している　36

「時間がない」とこぼす人ほど動きにムダが多い　38
会話の最中に政治ネタを絡めてくるのは知的な自分を見せたがっている？　39
SNSをしょっちゅう更新するのは承認欲求が強すぎる⁉　40
虎の威を借りたがるのは自尊心を満足させたがっている⁉　42

第2章　「しぐさ」と「クセ」から本音を知る方法　43

ネックレスをいじるのはその話にイラついているから？　44
顔をやたらと触る人はストレスが溜まっている証拠　45
手のひらでヒザをさすり始めたらウソをつきたがっている⁉　46
仁王立ちになったら要注意！　攻撃的になっている　47
脚を交差させている人は一緒にいる人を信用しているか　48
組んだ足の動きが止まったらヤバいことが起きる⁉　49
クッションを抱きかかえるのは自分の身を守るため　50
足を投げ出して座るのは相手を〝上から目線〟で見ている　51
片方の肩だけすくめるのはマジメに取り組んでいない⁉　52
亀が頭を引っ込めるしぐさは心が不安でいっぱいのサイン　53
手を引っ込めながら話すのは、「戦いたくない」サイン⁉　54
待ち合わせの相手が見えると手をあげるタイプの精神状態は？　55
両手を頭のうしろにしてふんぞり返るのはその場を仕切りたがっている！　56

手の置き場所ひとつで相手の「手の内」がわかる！　57
強い自信を胸に秘めた人がやりがちな「尖塔のポーズ」の謎　58
ポケットに親指をひっかけるのは消極的なタイプだった!?　59
部下が手のひらをすりすりするのは不安やストレスが溜まっている　60
聞きたくない話を聞かされる時なぜ人は手で目をふさぐのか?　61
人の話を聞くときに宙をにらむのはじつはその話に集中している　63
真剣に話しているのに横目で見られたら信用されていないサイン?　64
まったく関心がない人を前にするとなぜ冷笑するのか?　65
一瞬でも鼻にしわが寄ったらイヤイヤつき合っている！　66
ひとりだけ盛り上がっている飲み会で周囲がとる表情と態度とは?　67
無意識にペンのキャップを噛む人に大事な仕事を任せてはいけない！　68
青信号で我先に歩き出す人はせっかちで面倒見がいいタイプ　70
コーヒーカップを利き手と反対に置くのは目の前の相手に嫌悪感を抱いている　71
話の最中に突然、右上に視線を移したら間違いなく〝何か〟を思い出している！　72
いつも同じ上司にミスを連発する部下はその上司を毛嫌いしている証!?　74
待ち合わせの時間より早く来る人はじつは時間にルーズな人　75
ポケットに小銭をジャラジャラ入れる人はあればあるほど使うタイプ　76
話す前に目が合って首を傾げるのは暗黙のうちに好意を伝えるしぐさ　78
朝帰りの夫がしきりに目をこするのは浮気の動揺を隠すためだった！　79
ジャケットのボタンをかけ直すのは典型的なヒミツを隠すしぐさ　80

ウソをついているかひと目で見抜く「目つき」の法則　82
エゴサーチにハマる人が高めたい「自己確証動機」って何？　83
それでも電車に傘を置き忘れる人が向いている仕事とは？　84

第3章　「態度」の裏に隠された意外な本音　87

料理に手をつけない人は早く帰りたがっている！　88
イスよりソファに座っているとなぜ、本音が出やすいのか？　89
人混みで歩くペースを合わせてくるのは好意を持っているサイン　90
パワハラを繰り返す上司は「自分は特別」な存在だと思っている！　91
気のない握手はやはり熱意がないということ？　93
空気を読みすぎる人が結局誰とも仲よくなれない理由　94
身勝手な行動が引き起こす「社会的ジレンマ」って何？　95
ウソをついている人に表れる姿勢のある特徴とは？　97
顔だけが笑っている笑顔はやっぱり〝つくり笑い〟だった！　98
軽く肩に触れただけなのにオーバーアクションをするタイプの性格は？　99
ウンチクを語りたがるのは「自己呈示の自己宣伝」のなせるワザ！　100
飲み会で1人黙々と飲む人は神経質で自意識が過剰⁉　101
行列のできる店にあえて並ぶのはカシコい判断だった！　103
相手によって態度をコロコロ変える女性は「自己呈示」に原因があった！　104

ひいきをする人は浅はかな人って本当？　105
スマホのパスワード変更でわかる3つのタイプとは？　107
靴の先があさっての方を向いていたら話に飽きたサイン　108
仕事を褒められて喜べないのはじつはトラウマが原因だった？　109
心配性の人というのはなぜ落ち着いて見えるのか　111
心臓疾患を起こしやすいのはせっかちな野心家？　112
ルールや序列に固執する人は空気を読むのが苦手？　114
メールをすぐに返信する人、しない人それぞれの意外な性質とは？　115

第４章　「好み」と「習慣」から、人の核心を読み解くには？　117

早起きの人は時間に厳しいというのは本当？　118
鏡を頻繁に見る人は他人の目を気にしている！　119
スポーツをしている人がかっこよく見えるのは錯覚だった!?　121
出世するかしないかは傘を見れば一目瞭然？　122
消防士や自衛官がモテるワケは制服にあった！　124
バーゲンで衝動買いするのは「同調」すると安心だから　125
どんな体型の女性に惹かれるかでその人の性格までわかる？　127
巷に似た者カップルがあふれているワケとは？　128
あえて丸刈りにする男性の意外な素顔とは？　130

仕事への意気込みはランチタイムに垣間見える？ 131
休みの日が怖くなる人のある特徴とは？ 133
にわかスポーツファンが急増する心理的理由とは？ 134
コレクションをやめられないのにはワケがあった！ 136
ワイルド系ファッションをする人の本心とは？ 137
派手なファッションを好む人の性格って？ 138
職場の飲み会を断る若手社員の本音はどこにある？ 140
持ち物で相手のステータスを判断するのはどんな人？ 142
最新機種を誰よりも先に手に入れたくなる人の深層心理 143
ＬＩＮＥをやめられない人の意外な共通点とは？ 145
スマホゲームにハマッてしまう危ない心理 146
誰からの友達申請でも一発ＯＫしてしまう人の本音とは？ 148
どこのポジションをやりたがるかでわかるその人の性格とは？ 149
持ち主の性格は旅行バッグの中を見るとわかる！ 151

第5章　できる大人の心の読み方・使い方 153

フレーミング効果 微妙な表現の違いで選択が変わる「フレーミング効果」 154
集団とオピニオンリーダー 周囲から影響を受ける人の深層心理 157
脳内イメージ 頭の中でイメージできるかどうかで勝負は決まる 159

認知のバイアス　自分に都合のいい解釈をしてしまう「バイアス」の仕組み　161
記憶の仕組み1　「繰り返し」で強化される記憶のメカニズムとは？　164
記憶の仕組み2　3回繰り返せば記憶は書き換えられるというのは本当か　166
記憶の仕組み3　感動を伴った体験が記憶に深く刻まれる理由　168
フォールス・メモリ　歪んだ記憶が定着してしまう「フォールス・メモリ」とは？　171
ジョハリの窓　「自分のことは自分が一番よくわかっている」のウソ　173
5つの性格　自分の性格を自分で客観的に位置づけるコツ　177
外罰・内罰・無罰　3つの反応パターンを知れば、簡単に自己分析できる！　179
上方比較と下方比較　傷ついた心を修復する人間心理のメカニズム　181
逃避と置き換えと投影　無意識のうちに作動する心の安全装置とは？　184
怒りのセルフコントロール　怒りの感情をコントロールする「向き合い＋整理」の法則　186
2つの自己観　日本人が知らない日本人の「幸福感」の謎　188
欲求の5段階　「こうなりたい」という10年後の自分を想像してみる　191
効力期待と結果期待　自分ならできるという確信が生まれる「自己効力感」とは？　193
原因の見つけ方　いつも結果を出せる人は「原因」の考え方が一味違う　197
ABC理論　物事の見方をガラリと変える「ABC理論」の秘密　199
計画的行動理論　「言うこと」と「やること」が一致しない人の共通点　201
サンクコスト効果　深みにはまる前にストップできる「勇気」の持ち方　204
結論の先送り　結論を出さないほうがうまくいく「先送りの理論」とは？　206
ヒューリスティックス　できる大人が実践する2つの問題解決法　208

第6章　相手の心に印象づけて、上手に「アピール」する技術　211

自分の印象は一瞬でいいほうに操作できる！　212
選択肢がたくさんあって迷った時のベストな考え方　213
「緊張」を遠ざけるのに最も効果的な「開き直り」　214
他人の目が気になりすぎる時ほど他人は注目していない　215
苦手意識を減らす心の持ちようとは何か？　216
面白みのない人にならないための思考パターンとは？　217
自分の中にマイナス思考を植えつけているのは〝自分〟だった！　219
落ち込みのモトを探れば「ダメ人間」をサヨナラできる　220
いい人ぶらなくても楽に生きられる印象の修正法　221
面の皮を厚くしたいなら「子供」に戻ってみる　222
相手によって態度を変えるのは不安な気持ちの表れ　223
嫉妬心をよく分析すれば自分が渇望しているものが見えてくる！　224
自分の不完全さを許せば状況は好転する　225
言い訳を封印すれば弱さが克服できる！　227
反対意見が飛び出したら「ポジティブな言葉」で応戦する　228
コンプレックスを持つことにはメリットがあると知る　229
どんな人にも「内気な部分」と「外向的な部分」がある　230

自分をちょっと上から眺めて自分の心をセルフコントロールする 231
強がって素直になれない自分を徹底的に分析する 232
「生理的に嫌いな相手」から隠された自分を知る 234
「動いている自分」を客観的に見れば〝自分磨き〟ができる 235
言葉は一度心で唱えてから声に出すと相手に届く 236
自分自身に高い評価を下す人の深層心理とは？ 237
イザという時に強さを発揮する「格上意識」の持ち方 238
「心の隙間」をつくらない本番に強い人のメンタル術って？ 239
自分の心の中に「ギャップ」があるほどプレッシャーは大きくなる！ 240
自分に高い値段をつければおのずと高値で売れる！ 242
NO！ と言ってもやさしさは失われない 243
「いい友だち」と言われるにはまず自分がいい友だちになる 244
「なりたい自分」になるには理想の人物を演じてみる 246
会えば会うほど好きになるというこれだけの理由 247
自分の首を絞める前に「嫌われたくない」気持ちを和らげる 248

第7章 他人との「心の距離」は、思い通りにコントロールできる

251
気負わずに新しい環境になじむための心構えとは？ 252
いい人間関係を築くための適切な行動を知る 253

マイナスの憶測で苦しくなった時の奥の手とは？　254
他人の影響に振り回されやすい人が気をつけるべきこと　255
組織の上下関係に不満がある時はこう割り切る！　256
グループに馴染めない人は馴染む前にまず行動　257
自分らしいリーダー像を確立すれば人の上に立つのは怖くない　258
わずらわしい他人の悪意や敵意を「受け流す」術　259
「人は頼み事をされるのがうれしい」のだと思っていい　260
苦手な相手でも好意を見せれば好意が返ってくる　261
仕事は感情よりも効率性で考えれば職場の人間関係が煩わしくならない　262
苦手な相手を手玉に取る〝しっぺ返し作戦〟　263
若い部下にはボディ・ランゲージで「心の大きさ」を示す　264
ぶつかり合った相手ほどわかり合える関係になれる　265
衝動的に行動したくなったら自己ルールで念じて抑えろ！　266
ストレスは自分にとっての必要なエネルギー　268
人間関係がスムーズに深まる「あの人と同じ身振り手振り」　269
心の壁を低くして素直に「ありがとう」を言えるようになる　270
周囲の期待という〝足かせ〟は他人と真正面からつき合うことで外れる　271
「内観法」を応用して緊張しない心をつくる　272
他人の視線が気になる人がハマる「視線恐怖症」の4つのパターン　273
悩みを打ち明けるとなぜ親近感が沸くのか？　275

好きでもないのに助けるとどんな変化がおきる？　276
3回に1回は断ると今までの人間関係が大きく変わる！　277
仲間内で「浮いている」と感じるワケ　279
友達の恋人とこっそりつき合う人の深層心理　280

第8章　コツを知るだけで「やる気」は突然加速する　283

続けることができる人がやっている思考の秘密　284
やりたいという気持ちを起こさせる3つのコツ　285
運を呼び込む「タイミング」がきた時にすべきこと　286
三日坊主を脱するための単純でとっておきの秘策とは？　287
重い腰を持ち上げるためには「締め切り」を設ける　288
自分自身を鼓舞することができる魔法の口グセ　289
意外と知られていない「感謝の言葉」の絶大なる効果　290
焦った心にゆとりを与えるたった一文字の効果　291
自分を肯定して評価すればプラス思考になる！　292
夢中になった〝あのころ〟を思い出してやる気スイッチをＯＮ　293
「自分は妥協しやすい人間だ」と自覚することで先が見える　294
「なりたい自分」を書き出して叶える方向に脳を誘導する　295
自然と活力が増すしゃきしゃきした歩き方とは？　296

脳に刺激を与えてマンネリから脱出　297
簡単な仕事から着手すればやる気は起きる！　298
必要なモノ以外を排除すれば集中力をアップできる！　300
どんどん鏡を見て「ナルシスト」になったほうがいい理由って？　301
転職を繰り返す人が気づかない「ハネムーン効果」のリミットは？　302
不安や恐怖心に打ち克つための自己能力開発法　303

第9章「ネガティブ思考」と「ポジティブ思考」の正しい考え方

305
自分を追い詰めないためには失敗のパターンを知る　306
拒絶されて心がヘコみそうになった時に効く方法　307
野生動物になった自分を想像できればリセットできる　308
失敗する習慣から抜け出すために知っておきたいこと　309
過去のトラウマを払拭するために大事な視点　310
思いっきりグチった時の意外な効用　311
自分への「問いかけ」を変えれば人生を方向転換できる　312
ツイてない時期は自分の時間をつくるチャンス　313
「他人のせいにする」ことでイライラするよりいい方法　314
〝負のスパイラル〟を止める意外な心理作戦とは？　315
「成るようにしかならない」という心持ちで焦りをコントロールする　316

インターバルを入れればマイナス感情はシャットアウトできる　317
「シンプルな表現」ができる人が結局強いのは？　319
仕事のストレスは仕事に打ち込めば解消できる　320
「自分ではすぐに変えられないもの」に心をとらわれない　321
悲観的なタイプだからこそリスクヘッジができる　322
「怒るのはもっともだ」と怒りを肯定して次の一手を探す　323
セルフコントロールで脳をリラックスした状態にする　324
数字の力を借りて「怒り」や「悲しみ」を減らす方法　325
嫌な感情をバネにする方法と水に流す方法　326
ちょっと横に置いておくことでマイナスの感情は半分減らせる　327
自己暗示をかけるなら「ポジティブワード」が断然いい理由　328
ミスを「棚上げ」することで次につなげる考え方　330
わざと笑顔をつくれば落ち込んだ気持ちも吹き飛ばせる!?　331
紙一枚で怒りを鎮める手っ取り早い方法　332
「過去」を振り返るスランプ脱出法　333
劣等感に支配された時のオススメ対処法　334
折れた心も表情ひとつでハツラツとなる！　335
強みを伸ばすことで能力全体を底上げする　336

第10章　上手な「目標設定」で失敗しないための心の習慣　339

現状を見直して〝青い鳥〟探しをやめる方法　340
「夢は完了形で語ると実現する」というのはどこまで本当？　341
大ぶろしきを広げるよりも効果的な目標の立て方　342
「レコーディング」で達成感を可視化する　343
〝鳥の目〟で見れば仕事は早く確実になる　344
効率よく結果を出すために必要な「逆算」とは？　345
周囲の期待がプレッシャーになったら自己暗示で乗り切る　346
つまらない仕事を楽しくやる心の持ち方　347
たくさん悩めば「ブレイクスルー」は必ず訪れる　348
時間の使い方で勝ち組になれば心理的負担はグンと減らせる　349
仕事の大きな流れをつかむだけで焦りは減らせる　351
心の健康をキープするために時には「信念」を捨ててみる　352
「3回までは許す」ことで心はもっとラクになる　353
本当にやりたいことは紙に書いて声に出して読めば願いはかなう　354
時には「ビッグマウス」が追い風に！　355
「80点」を目指して十分に力を発揮する方法　356
悩んだら問題点を書き出すと解決できるワケ　357

ストレスを克服する考え方のコツ　358
上手なスケジュール管理は「時間の先取り」が秘訣　360
徹夜するより寝てしまったほうがアイデアは浮かぶ!?　361
「うまくいかない自分」は自己コントロールする　362
何をやっても長続きしない人の意外な共通点とは？　363

カバー写真提供■shutterstock
Maxfarruh/shutterstock.com
本文写真提供■shutterstock
Palii Yurii/shutterstock.com
本文デザインＤＴＰ■ハッシィ

第1章

心のサインは、必ず「ことば」にあらわれる

「感じのいいメール」をいつも送ってくる人の深層心理

すっかり生活の一部になった無料メールアプリや短文投稿サイトだが、メッセージのやり取りをするなかでのトラブルは後を絶たない。

なかにはメッセージのやり取りが事件にまで発展してしまうケースがあるが、その原因のひとつがいわゆる〝勘違い〟だ。

電話をしたり直接会って話をすれば、表情や声の調子などから相手の感情を察することができるが、メールの場合は文面だけで判断するしかない。逆にいえば、本心では迷惑な相手だと思っていても、気持ちとは裏腹に相手を気遣うような文章にしたり、絵文字やスタンプを使って喜んでいるような〝細工〟も簡単にできる。

その意味では、いつも感じのいいメールを送ってくる人は、自分のことばが相手にどんな影響を与えるか、時間をかけて慎重に戦略をたてるタイプだ。間に受けず、冷静に対応する必要があるだろう。

やりもしないのに、「絶対ムリ！」と言えちゃう人の心の中は？

少し頑張ればできることでも、いざ行動する前から「絶対ムリ！」と投げ出してしまう人がいる。たとえば、ちょっと探せば見つかりそうなものでも探す前から「絶対、見つからないよ！」など決めてかかる人だ。

このような諦めの言葉は、まだ成長過程にある子供が口にすることが多い。つまり、行動する前に諦めてしまうのは、じつは依頼心が強く自立できていない証拠なのである。

子供なら親が代わりに探してくれるだろうと期待するように、諦めた様子を見せれば誰かがやってくれるだろうと思っているのだ。

いい大人になってもそんなふうに考えている相手に対しての心がまえは、子供なんだな…と思って距離を置いてつき合うことにつきる。

「やっぱ」で片づけるのはあまり深く考えないタイプ

話している最中に、「やっぱ」のひと言ですべてを結論づけてしまおうとする人がいる。「やっぱ、おかしくない?」とか「やっぱ、そうだよネ」などが口癖で、どちらかというと協調性があるのでグループ内でも存在感があることが多い。

ただ存在感はあるものの、このようなタイプはあまり深く物事を考えていないので、リーダー的な存在にはなりにくい。

短絡的に答えを出して、とりあえずその場で盛り上がっていればいいので、きちんと方向性を定めたい真剣な話し合いの場には向かないタイプだ。

同じように、語尾に必ずといっていいほど「～とか」や「～みたいな」をつける人も、ただのおしゃべり好きで、話していても相手に結論を求めない。時間つぶしにしゃべるにはいいが、相談事をするのは正直、時間のムダになるだろう。

「知ってる」が口グセの人は無気力で知識が浅い？

どんな話題でも「それ、知ってる、知ってる」と知ったかぶりをする人がいるが、よくよく話を聞いてみるとどこかで聞きかじっただけの曖昧な情報だったりするものだ。

このように「知ってる」が口癖の人は、じつは博識でも何でもなく、好奇心が足りないだけだったりする。

今やテレビやインターネットを眺めていれば、広くて浅い知識はいくらでも身につけることができる。

だが、その中に自分の興味を引く内容があれば、もう少し掘り下げて調べてみようと思うものだ。

そうして深い知識を得たことなら「知っている」と言えるが、そうでないことは「聞いたことがある」程度に答えるのがふつうだ。

だが、こういうタイプはさらに掘り下げて調べたり、物事の本質に迫ってみようという気力もないから、「聞いたことがある＝知っている」のひと言で片づけてしまうのである。

予想外のことに出食わすとすぐ逃げ出す人のよく口にする言葉とは？

自分ができることには手を出すが、少しでも能力を超えたことには絶対に近づかない。こういう人がよく使うのが「今さら」とか「もう遅い」という言葉だ。

これは、裏を返せば「失敗するのが怖い」という心理の表れで、どちらかというと生まれ持った能力が高い人のほうが陥りやすい。

それまでは特別な努力をしなくても、いつもある程度の結果を出すことができたために、努力して失敗を克服するという経験をしてこなかったのが原因だ。

そのため、予想外の事態に対応するのが極端に苦手で、自分では手に負えないと感じた問題に直面するとチャレンジせずに逃げ出してしまう。

結果的に、「今さらムリに決まっている」とか「もう遅いよ」が口癖の残念な人になってしまうのだ。

「困った」と言う人はなぜ、自分で解決しようとしないのか？

何かことが起きるたびに「困った、困った」という人に限って、解決に向けて動かないものだ。

人に「困っている」と相談を持ち掛けておいて、いろいろなアドバイスをもらったとしてもやはり動かない。

こんな人は、解決のために動くのが単純に面倒なだけなのだ。

たとえば、自宅の天井から雨漏りがしていたら、工務店やリフォーム会社に依頼して修理してもらえば済むのだが、「困った、困った」を繰り返す人は雨漏りしている天井を眺めているだけだ。

問題を解決しようと思ったら、なぜその問題が起きてしまったのかを考えたり、解決に向けての方法をあれこれ模索しなければならない。それをおっくうに感じ、逃げてしまうのである。

もし、人生の中で困難にぶつかっても、このタイプの人は乗り越えようとすることはなく、それよりも楽にできる別の方向を見つけようとするのだ。

何でも「でも…」と反対する人は自分を中心に考えている

すぐに「でも…」「だけど…」などの否定的な言葉を口にする人は、何に対しても消極的な性格だと思われがちだが、それだけではない。

どんな提案に対しても「でも」で否定する人は、じつは極端に自己中心的な性格だったりするのだ。

たとえば、何人かでイベント企画を話し合っているとしよう。そのうちの1人が、「こんな企画はどうかな」とアイデアを出せば、全体的な状況を見ながらそれが実現可能かどうかの〝基準〟を判断していくものだ。

だが、「でも…」と反論する人は基準そのものが自分になっているから、自分ができないと思うと「でも、ムリ」と即座に判断を下す。

ほかの人がいくら大丈夫、できると言ったとしても、あくまでも自分が中心なのでほかの可能性が考えられなくなってしまうのである。

ちなみに、いつも自分のことばかり考えて苦しいと自覚しているのであれば、あえて他人のことを全力で考えるようにすれば、その息苦しさから解放されることがある。

世の中に難クセをつけたがる人は虚栄心のカタマリ

あんな事故が起きたのは国のせいだ！　などと自分の身の回りのゴタゴタはさておき、何につけても世の中への不満で怒り心頭という人がいる。

こんなタイプは一見、熱血漢で正義感が強い人のように思えるが、じつはそういうわけではない。

むしろ虚栄心の塊で、向上心がなく努力をしようという気がない。なのに、自分の生活が苦しいのは政治が悪いからだなどと他人のせいにするのだ。

そして、成功して幸せそうな人を見ると、何かズルをしているのではないかと勘ぐりたくてしかたがない。

結局、一番不満なのは自分自身の人生なのだが、その矛先を自分以外に向けてしまうのだ。

このタイプのペースに乗せられて一緒にグチってしまうと、勝手に味方だと思われて、〇〇さんも自分と同じ考えだと第三者に言いふらされてしまいかねない。

変なレッテルを貼られてしまうことになるので、同調しないことが大切だ。

エッチな話をしたがる男性は性的コンプレックスが強いから!?

まったく性的な要素のないふつうの会話をしていても、すぐにエッチなジョークを挟んでくる男性がいるものだ。

その手のジョークもひとつやふたつなら笑ってすませられるが、度が過ぎると周りからは冷ややかな目で見られるのがオチである。それにしても、なぜやめられないのだろうか。

エッチなジョークや話題をつい口にしてしまう人というのは、じつは性的コンプレックスが強いのだという。

自分の容姿に自信のない芸人が、それを逆手にとって笑いをとるように、エッチなネタを口にして笑い飛ばすことで性的不能になるのではないかという恐怖を自分の中で消化しようとしているのだ。

「よかったらメールして」はマジで誘ってる!?

合コンで話が盛り上がった女性から、メールアドレスを渡されて「よかったらメールして」と言われたら、どこまで本気ととらえていいのだろうか。

せっかくアドレスをもらっても、「あの時は酒の勢いでくれただけで、真に受けてメールなんかしたら冷たくあしらわれるかもしれない…」などと不安になったり、プライドが邪魔をして結局一度も連絡を取らずに終わってしまったという経験をしている人も多いはずだ。

ところが、女性が特定の相手に「よかったらメールして」と言った場合は、本気度はかなり高い。

一般的に男性の場合は、メアド交換なんて〝数打ちゃ当たる〟くらいにしか思ってなかったりする。

ところが、女性の場合はまた会いたいけど自分からは誘えない。つまり、男性のほうから連絡してほしいという気持ちが込められているのだ。

「よかったらメールして」と言われたら、即行動あるのみである。

「だから言ったのに」という人は相手の失敗を喜んでいる人

子供が水の入ったコップをテーブルの端に置いていて、ひじにあたって床にひっくり返すと大人は必ずこういうものだ。「だから言ったでしょ！」。

これは、テーブルの端にものを置くと落とす確率が高いことを大人は経験として知っていて、以前に何度も注意していることだからつい出てしまうセリフなのだが、まったく自分が経験したことがないことでも「だから言ったのに」と一刀両断に切り捨ててしまう人がいる。

そもそもこのセリフを口にする人は、ネガティブ発言も多い。誰かが何かにチャレンジしようとしたら「失敗するからやめておいたほうがいいよ」とか「そんなことするのに何の意味があるの？」などと言っては平気で水をさすのだ。

だから、その人が失敗するとうれしくなって、「だから言ったのに」と自分の正しさを嬉々として語り出すのである。

「まだできないの？」と言ってしまうタイプがチーム仕事をすると…

人間誰しも自分のペースを持っているが、その自分のペースがあたかも〝世界基準〟で、誰もが同じペースで生きていて当たり前と信じて疑わない人が口にするのが「まだできないの？」のひと言だ。

基準はすべて自分のペースなので、すでに終わっていていておかしくないはずの仕事が途中だったりするとすぐにイラつく。さらに、基本的に他人のことなど考えないので、自然と人を見下す態度に出るのが特徴だ。

スピードが重視される職場などでは評価が高いが、チームワークが必要とされる仕事ではコミュニケーションスキルがない人だと煙たがられてしまう。

自分にはこの傾向があるなと思ったら、黙々と作業する職人的な仕事を選ぶか、他人のペースに合わせる寛容さを身につける努力をするしかないだろう。

〝不幸ネタ〟が止まらないのはじつは同情してもらいたいサイン

自分がいかに困っているかというネタだけで長々と話ができる人は、世の中にはけっこう多い。特に女性の中には、何時間でも茶飲みができるくらいに〝不幸ネタ〟を持っている人もいる。

見方を変えれば、けっして不幸だとも言い切れないような些細な悩みなのだが、それを指摘すると「わかってない」と一喝されたうえに、さらに話を掘り下げられる。ようするに、同情の言葉をかけてもらいたいのがこのタイプなのである。

「それは大変ね」とか「かわいそうに…」などのような慰めの言葉を聞くと、「やっぱり自分は不幸なんだ」と確認できて安心するのだ。

このようなエンドレスな愚痴の〝攻撃〟から解放されるためには、物理的に距離を置くしか方法はない。

「ここまで大変だった」と大風呂敷を広げるのは仕事がデキるのを誇示している

仕事の進捗状況などを説明する時に、「ここまでいろいろ大変でして…」と自ら苦労話を語り出す人はいないだろうか。

「私だけでなく、○○さんにも朝から晩までご尽力いただいて…」
「まさかこんな大役を仰せつかるとは思ってもなくて…」

と、とにかく自分たちがどれだけがんばったかのアピールがすごいので、周囲は鼻白んでしまうのだが、本人はまったく気づいていないことがほとんどだ。

このように自分の努力を必要以上にアピールしたがるのは、自分は仕事がデキると自信を持っているからだ。「自分たちだからここまでできた」ということをきちんと報告しておきたいのだ。

ところが、実際にはそれほど大変な仕事ではなかったりするので、じつは周囲からはあまり評価されていなかったりする。

だが、それを口にしたがためにヘソを曲げられてしまい、何もしてくれなくなるのも困る。そんな時は、「大変でしたね」「ありがとうございました」と大げさなくらいに感謝の気持ちを表しておけば、次も気持ちよく働いてくれるのだ。

「時間がない」とこぼす人ほど動きにムダが多い

毎日、バタバタと動き回っていて、「ああ、もう時間がない」とつぶやいている人をつぶさに観察してみると面白いことがわかる。時間がないと言っている人に限って動きにムダが多いのだ。

時間配分がうまく、大きな仕事の合間にパズルのように細かな仕事を組み込むことができる人は、頭の中が整理されているので動きにもムダがない。

だが、常にバタバタと慌ただしい人ほど、思いつきで行動していることが多い。一度立ち上がったら、その時にできる複数のことを同時にやってしまえばいいのだが、ひとつのことを終えてから、「さてと…」と次のことを考えるために動きも時間も大幅にロスしてしまうのだ。

ただ、本人はそのムダさはもちろん、周囲から評価されていないことにも気づいていないことが多い。そんな人に仕事をお願いする際には、「お忙しいところすみませんが」のひと言を忘れないようにしたい。

会話の最中に政治ネタを絡めてくるのは知的な自分を見せたがっている？

何事にも小難しいことを考えずに、面白おかしい話をしてゲラゲラ笑っていられるのは楽しいものだ。

だが、そんな軽い会話の中に政治の話や人生論を絡め、ちょっと知的な話に発展させようとする人がいたら、自分は切れ者であることをアピールしようとしているのかもしれない。

テレビに出てくる芸人でも、バカ話を下地にしながらしだいに高尚な話に持っていき、最後は笑いでオトすという話術に長けた人がいる。

ただ、これには幅広い知識や教養が必要で、誰でも知っているような中途半端な話を挟むくらいでは成立しない。

それでもなお、知的さをアピールしようとしている人がいたら、「がんばってるな」と広い心で見守ってあげよう。

SNSをしょっちゅう更新するのは承認欲求が強すぎる!?

人には誰しも、周囲の人から認められたいという欲求がある。人から認められることによって自分自身の存在価値を確認し、安心することができるからだ。

これを心理学では「承認欲求」というのだが、この欲求が強すぎるとたんに困った人になってしまう。

自分を認めてほしいがあまりに、〝自分アピール〟がやめられなくなるからだ。あなたの周囲にもひとりやふたりは他人のことはおかまいなしで自分の話ばかりする人がいないだろうか。

また、このタイプはＳＮＳも頻繁に更新する。承認欲求の強い人にとっては自分専用のメディアであるＳＮＳは欠かせないからだ。

だが、他人から認められることが更新のモチベーションになっているので、アップされている内容が本当かどうかは微妙なところだ。

もし、自分に当てはまる部分があると感じたら、何もかも人から認められる必要はないと意識を変える必要がある。

そうでなければ、他人から評価される道だけを選び続けて、人生をムダに終えてしまうことになるからだ。

虎の威を借りたがるのは自尊心を満足させたがっている!?

「母親の同級生のいとこ自慢」など、思わず「それ、ただの他人でしょ!」とつっこみたくなるような自慢ならいいが、笑うに笑えないのが限りなく自分に近い兄弟や親戚のことをやたらと自慢する人だ。

こうした人が強く持っているのが、他人の栄光で自尊心を満足させたいという心理だ。自分には他人と勝負できるものがないから、自分とつながりのある人の功績を借りて、間接的に自分の評価を高めようとしているのである。

しかしそれは、残念なことに裏を返せば何の力もなく有名でもない自分を認めているのと同じなのだが、本人はそこには気づいていないのだ。

第2章

「しぐさ」と「クセ」から本音を知る方法

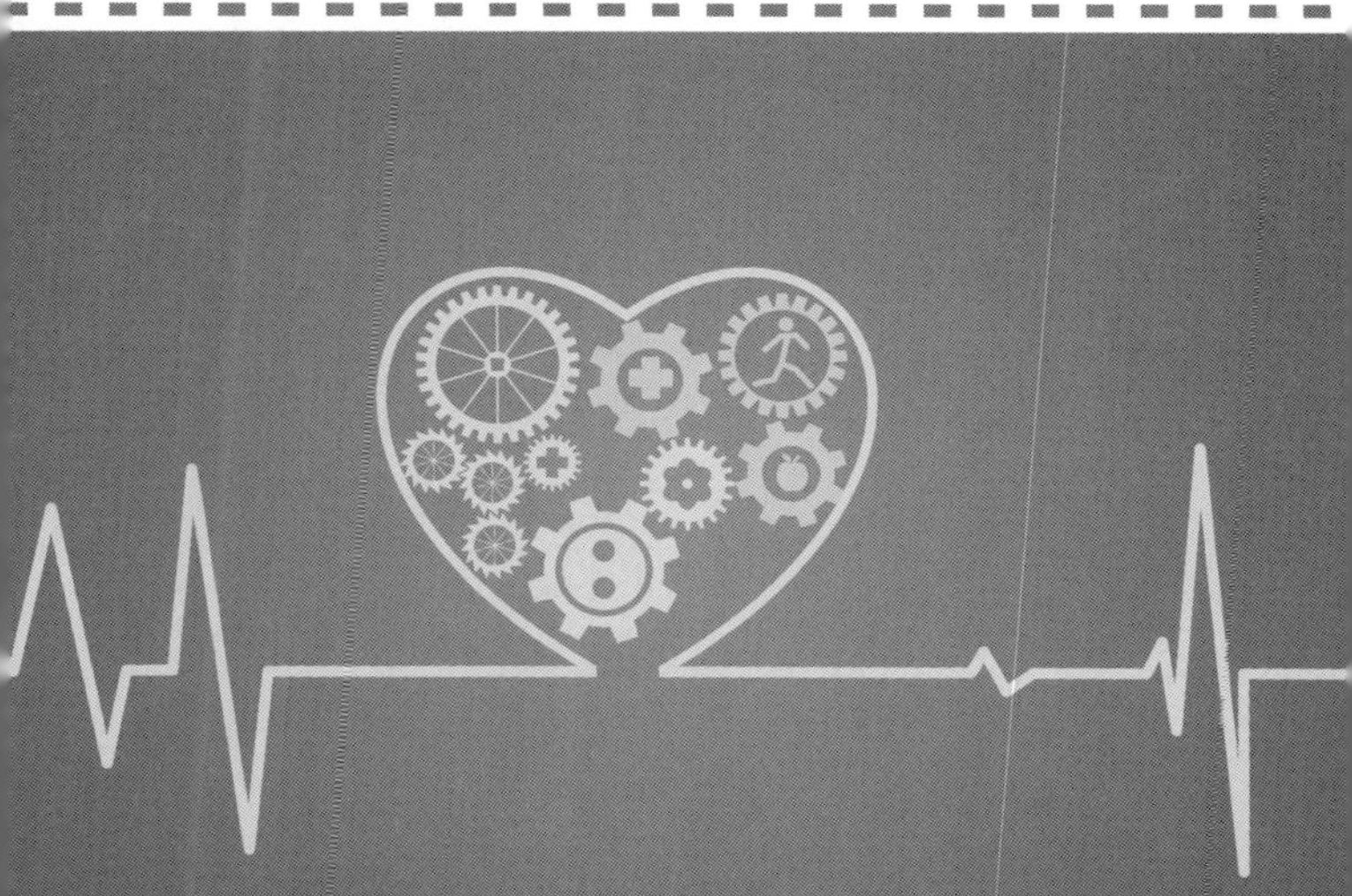

ネックレスをいじるのはその話にイラついているから？

会話をしている最中に女性がずっとネックレスを指先でいじったり、ねじったりしていたら、もしかするとその話は聞きたくないと思っているのかもしれない。

なぜなら、首元に手を持っていくのはイライラを鎮めようとしている証拠だからだ。ネックレスを触ろうとすると、手は自然と首に当たる。こうすると不思議と気持ちが落ち着くので、ついネックレスを触ってしまうのだ。

だから、もしイライラしている原因が話の内容であれば、話題を変えたとたんにネックレスから手は離れるはずだ。

もし、話題を変えても治まらないのなら、その場所に居心地の悪さを感じているのか、それとも一緒にいる相手そのものにイラついている可能性もある。

いずれにしても精神的に不安定な状態であるのは間違いないので、こんな時はさっさと話を切り上げて退散するに限るのだ。

顔をやたらと触る人はストレスが溜まっている証拠

やたらと鼻や口などの顔のパーツや耳を触る人は、仕事やプライベートを問わず、さまざまなストレスを抱えている人だ。

ストレスが溜まっている時、人は無意識に鼻や耳たぶなどを触る。こうするとストレスが溜まって疲れてしまった心をなだめることができるからだ。

手で頬をさすったり、唇をこすったり、耳たぶを指でつまんだりするのも同じ効果があり、一時的にでもホッとすることができる。だから、無意識のうちにあちこちをさすったり、揉んだりしてしまうのだ。

家族やパートナーがこんなしぐさをしていたら、頭や肩をやさしくマッサージしてあげるといい。リラックス効果でしばしストレスを忘れることができるはずだ。

手のひらでヒザをさすり始めたらウソをつきたがっている!?

イスに座っている人に質問した時に、質問に答えながらしきりに手のひらでヒザをさすっていたら、その答えはウソである可能性が高い。

ヒザをさするしぐさというのは、たいていの場合、嫌悪感とともに現れる。たとえば、どうしても本当のことが言えない事情があり、不本意ながらウソをつき通さなければならない場合などだ。

このような時は、誰しもウソがばれないように緊張している。すると、足に力が入ってしまうので、緊張をほぐそうとしてヒザに手が伸びてしまうのだ。

手のひら全体で太ももをぎゅっと握ったり、強くさすったり、さすする回数が増えるのは緊張感が高まっている証拠でもあるので、話が核心に迫っていることを見抜くこともできる。

仁王立ちになったら要注意！攻撃的になっている

意見が対立している人と立ち話をしている時、相手の足がだんだん開いてくることがある。そして、ついに〝仁王立ち〟スタイルになったら要注意だ。

仁王立ちになるというのは、体を大きく見せて縄張りを広げようとする心理が働いているからで、敵対心が高まっていることを意味する。

こうなると、とにかく自分の意見を押し通して相手に勝つことしか頭にないので、冷静な議論は難しい。しかも、そんな相手のペースにつられて自分も攻撃的になってしまうと、本格的なトラブルに発展しかねない。

不毛なトラブルを避けたいと思うなら、適当な理由をつけてその場を立ち去ったほうが無難である。

脚を交差させている人は一緒にいる人を信用しているか

しっかりと地に足を着けた仁王立ちとは逆に、片足に体重をのせてヒザやふくらはぎあたりで脚を交差させて立つというのは非常にバランスが悪い立ちポーズだ。

この立ち方をしている人の心理は攻撃的な仁王立ちの真逆で、その場に一緒にいる人を信頼している。こんなにバランスの悪い立ち方をしていても、攻撃されるような心配がないと安心していることを示しているのだ。

たとえば立食パーティーなどでこんなポーズの人がいたら、リラックスしてその場を楽しんでいる証拠だ。また、カップルが同じように足を交差させて立っていたら、互いに好意を寄せあっていることがわかるのだ。

組んだ足の動きが止まったらヤバいことが起きる!?

落ち着きがない性格なのか、それともただの癖なのか、脚を組んだ時に上にのせたほうの足をぶらぶらと動かす人がいる。そしてこの足がピタリと止まったら、目の前で何か〝ヤバい〟ことが起きているとみていい。

動物は危険をキャッチすると、動きを止めて本能的に死んだふりをしたりするが、これと同じようにぶらぶらと動かしている足が止まったのは、本能的に危険を察知してフリーズしてしまっているのだ。

会いたくない人を見つけてしまったとか、話が核心に迫りつつあるなど何かしら身に危険が迫っていることを感じているのはたしか。相手の弱みを握るのも簡単だ。

クッションを抱きかかえるのは自分の身を守るため

おしゃれなカフェやバーなどにいくと、客にくつろいでもらおうとゆったりとしたソファの席にクッションを用意している店も多いが、そんな席に座るやいなやクッションをぎゅっと抱きかかえる人がいたら、その人は警戒心を抱いている可能性がある。

表情や言葉ではにこやかにふるまっていたとしても心からリラックスして楽しめていないから、自分の身を守るための盾としてクッションを抱きかかえているのだ。その証拠に徐々に場の雰囲気に慣れてくれば、自然と手からクッションが離れ始めるはずだ。

足を投げ出して座るのは相手を〝上から目線〟で見ている

イスに浅めに腰かけて背中を背もたれにもたれかけ、両足を前の方に長々と伸ばす――。リラックスしている時というのは、誰しもこんな座り方をするものだ。

だが、真剣な話をしている時や、人から注意を受けている時にもこんな座り方をするのは、相手を上から目線で見ているとみて間違いない。相手より優位に立とうとしているため、自分がこの場を支配しているのだと態度で示しているのである。

上司や目上の人がこのような座り方をしていても問題ないが、部下や後輩が身を投げ出して座っていたら要注意。きちんと座り直すように注意しても態度が改まらないようなら、トラブルメーカーになる可能性があるので注意したほうがいい。

片方の肩だけすくめるタイプはマジメに取り組んでいない!?

たとえば、難航している仕事について、「あの件はどうなったかな?」と部下に質問したとしよう。すると、両肩をすくめて「それがまだ…」と答えるようなら、真剣に仕事に取り組んでいるはずだ。たとえ進捗状況はかんばしくないとしても、真剣に取り組んでいることについて話す場合は、人は両肩を均等に上げるのだ。

その一方で、片方の肩だけすくめて返事をする場合は、あまり真剣に取り組んでないか、返事をごまかそうとしているのかもしれない。これは、「さあね」と気のない返事をする時に、片方の肩を動かすのと同じしぐさなのだ。どの部下に仕事を任せるか迷った時に試してみれば、誰が適任かがわかるはずである。

亀が頭を引っ込めるしぐさは心が不安でいっぱいのサイン

子供はこっぴどく叱られると、両肩を耳のあたりまで上げて首を隠そうとするが、大人でもこのようなしぐさをする場合がある。まるで亀が甲羅に頭を隠すかのようなこのしぐさは、不安や自信のなさに心が支配されていることの表れだ。

こんな場合には、追い打ちをかけるのは得策ではない。特に、気の弱いタイプなら心が折れてしまうこともある。

本人が自分の不甲斐なさを痛いほど自覚しているのなら、むやみに怒鳴って委縮させたりせず、今しばらく見守るというスタンスをとったほうがいいだろう。

手を引っ込めながら話すのは、「戦いたくない」サイン!?

チームを組んでプロジェクトを進めていたりすると、時には意見の違いなどで言い争いになったりすることもある。

あまりにエスカレートすると、そのうち乱闘騒ぎになるのではないかとハラハラしてしまうが、言い争っている当人が自分の腕をもう片方の手でつかむなどしていればその心配はない。

こんなふうに無意識のうちに手をひっこめているのは、自分は戦う意思はないということを示しているのだ。さらに、自分の身を守りたい気持ちの表れでもあるので、目の前の相手に手出しすることはない。

待ち合わせの相手が見えると手を上げるタイプの精神状態は？

腕の動きが大きいか小さいかによって、その人の精神状態がわかるという。たしかに精神的に参っている時というのは、腕を伸ばして物を取るのも面倒だったりするなど、とにかく二の腕を上げるのが億劫になるものだ。

逆に、気持ちが高揚していれば自然と腕は高く上がる。待ちわびていた友人との再会シーンなどでは、万歳をするように手を上げてお互いのもとに駆け寄るのと同じ理屈だ。腕から伝わるメッセージは意外なほどわかりやすいのだ。

両手を頭のうしろにしてふんぞり返るのはその場を仕切りたがっている！

後頭部を組んだ手にのせてひじを左右に大きく張り、背もたれにグッと寄りかかってイスに座る――。リラックスした会議の席などで、こんなポーズをとっている人はいないだろうか。

これは、縄張りを主張する姿勢だ。その場を仕切っている人物で、会議の決定権も持っている、いわばリーダーだけに許されるポーズといっていい。

その証拠に、自分より格上の人が会議の部屋に入ってきたら、このポーズをやめてさっと姿勢を正すからだ。

もしも、上下関係のない集まりの中でこのポーズをとる人がいたら、自分がこの場を仕切りたがっていると思って間違いない。

手の置き場所ひとつで相手の「手の内」がわかる！

座っている時に手をどこに置くか――。そんなこと、いちいち考えたこともないという人もいるだろう。しかし、テーブル席に座って話をしている時などは、手を置く位置で信頼を損なってしまうことがあるのだ。

最も悪い印象を与えるのが、相手から手が見えない場所に置いておくことだ。「手の内を隠す」という言葉があるように、手を隠していると本心を明かさない人という印象を与えるのだ。そのため、親しみにくい人と思われ、何時間話しても両者の距離を詰めることはできない。

逆に、いつも手をテーブルの上に置いていて、会話に合わせて自然に動いていればそれだけでごまかしのない人と見られるのだ。

強い自信を胸に秘めた人がやりがちな「尖塔のポーズ」の謎

ディスカッションの席などで、よくテーブルにひじをついて両手の指先だけを強く合わせる、いわゆる〝尖塔のポーズ〟をとっている人がいる。

自分が話をしている時も、他の参加者の話を聞いている時もほとんどこの姿勢を崩さない人がいたら、この集まりの中における中心人物だと思って間違いない。

尖塔のポーズをとるのは強い自信の表れで、その場にいる他の誰よりも正しい知識や考えを持っていると自認しているのだ。しかも尖塔のポーズをされると、それを見ている周囲の人間も知らず知らずのうちに一目置いてしまうという効果がある。

何かを説明する時などにやってみると、思わぬ説得力が生まれるはずだ。

ポケットに親指をひっかけるのは消極的なタイプだった!?

最近では「いいね!」のマークとしても有名な親指を立てるポーズだが、これは自分の今の状況に自信がある人がよく使うしぐさだ。

指の中でも親指は人の心理がよく現れる。たとえば、両手の指を組んだ状態で親指だけを立てているのは前向きな気持ちの表れで、指を組んだまま親指を手のひらの中に入れるのは気持ちが後ろ向きになっていることの表れだという。

また男性の中には、立っている時に親指をズボンのポケットにひっかけている人がいるが、これも周囲に消極的な印象を与えるポーズだ。

堂々とした態度が必要な場面では、けっしてやってはいけないしぐさだ。

部下が手のひらをすりすりするのは不安やストレスが溜まっている

部下が仕事の報告をしながら、組み合わせた手のひらを強くこすり合わせていたら、そうとうストレスが溜まっていると思っていい。

よく謝罪やお願いをしてくる人が、揉み手をして手のひらを軽くさすっていることがあるが、これは緊張をほぐすために無意識に行っているしぐさだ。その力の入れ具合が強ければ強いほど、不安やストレスが大きいことを示しているのだ。

もし、強く手のひらをこすりながら話しかけてくる人がいたら、張りつめた気持ちに追い打ちをかけないよう、よほどのことがない限り強い口調で責めないように気をつけたほうがいい。

なぜ人は手で目をふさぐのか?聞きたくない話を聞かされる時

自分には無関係な、たわいもない噂話で盛り上がるのは簡単なストレス解消にもってこいだ。

だが、その場にしきりに手で目をふさぐしぐさをする人がいたら、もしかするとその噂話はその人にとって無関係ではないのかもしれない。

人は聞きたくない話を聞かされる時、無意識に手で目をふさいだりする。これは、一説には脳を休ませるためだといわれている。

聞きたくない話で嫌な気分になるのを無意識にシャットアウトしているしぐさと考えられるのだ。

また、指先でまぶたを触るのも、同じように話の内容に不快感を持っているサインである。

もしかすると、噂話のネタになっている人物と仲がよかったり、じつは周囲にはあまり知られていないだけで血のつながりがあるという可能性もある。

いずれにしても、ただの噂話だと思って言いたい放題しゃべっていると、相手を傷つけてしまうかもしれないので要注意だ。

人の話を聞くとき宙をにらむのはじつはその話に集中している

真剣な話をしている時に、相手がこちらの目を見ないで遠くをじっと見つめていたりしたら、そっぽを向かれたと感じるかもしれない。しかし、そこで「ねえ、聞いてるの!?」などと責めてはいけない。

遠くのほうを見つめたり、視点を定めずに宙をにらむような目つきをしているのは、じつは話に集中しているからだ。

じっくりと話を聞きながら頭の中で話を整理しようとすると、人は特定のものをじっと見なくなる。

それは、たとえば相手の顔をじっくりと見てしまうと、「今日は肌が荒れているな…」とか「左右の目の大きさ、こんなに違ってたっけ?」などとよけいなことを考えてしまって、話に意識を集中できなくなってしまうからだ。

むしろ、相手の視線が自分の顔の上であちこちに動いていると感じた時のほうが、話半分にしか聞いていないことが多いのである。

真剣に話しているのに横目で見られたら信用されていないサイン？

色っぽい流し目ならともかく、人から横目で見られるのはあまりいい気分ではない。特に真剣な話をしている最中に、話し相手から横目で見られたら、その人との関係性を見直したほうがいいかもしれない。

人のことを横目で見るのは、相手のことを信用していないというサインだ。たしかに話は聞いているが、信用はしていないという無言のメッセージなのだ。

これは、横並びに一緒に座っている時に顔をほとんど動かさずに黒目だけを動かして見られた場合や、一瞬だけ横目でにらまれた時も同じである。

今後も長くつき合っていかなければならない相手であれば、なぜ信頼されていないのか、今までの行動を少し振り返ってみる必要があるだろう。

まったく関心がない人を前にするとなぜ冷笑するのか？

心の中で起きている感情が顔に表れる時というのは、一瞬であることが多い。人前ではいつもきちんとしてなければという意識の高い人は、なかなか隙を見せないが、ふとした時に心が顔に表れる。

その代表的なものが、人をバカにしている時の冷笑だ。目には冷たい光が宿っているのに、口角がきゅっと上がる。また、黒目をグルリと回したうえで横目で宙をにらむこともある。

とにかく、相手を不快にする無礼極まるこの笑い方は「君のことなどまったく関心がない、関係ないね」という気持ちの表れだ。つき合わなくてもいい相手なのであれば、さっさと関係を断ち切ることをお勧めする。

一瞬でも鼻にしわが寄ったらイヤイヤつき合っている!

みんなで楽しく旅行のプランを立てている時などに、誰かが一瞬鼻にしわを寄せたら、その人は旅行に行きたくないか、一緒に行きたくない人がその中にいる可能性がある。

鼻にしわを寄せるのは不快であることのサインだ。口では楽しみにしているようなことを言いながらも、一瞬でも鼻にしわを寄せたら、本当はイヤイヤつき合っていることを物語っている。

ただし、本人もこのしぐさをしたことに気づいていなかったりするので、誰かに自分の気持ちを見られているとは思っていない。

それを裏づけるためには、「本当は乗り気じゃないんじゃない？」とこっそり囁いてみよう。読心術でも使っているのではないかと驚かれるかもしれない。

ひとりだけ盛り上がっている飲み会で周囲がとる表情と態度とは？

会食や飲み会などで、ひとりだけ延々としゃべり続け、周りの人は時々相槌を打ったり、ニコニコしながら聞いているだけという光景を見かけることがある。

こういう場合、本人以外はたいてい退屈していたりするものだ。いくらニコニコと笑っているように見えても、心から笑っていないことは頬を見ればかわる。本気で笑っている時には大頬骨筋という頬の筋肉が高く盛り上がるが、愛想笑いをしている時はこの筋肉がほとんど動かないのである。

どんなに目元が笑っていて、口角が上がっていたとしても、大頬骨筋に動きがなければ、心の中では早くお開きになるのを待ち望んでいるはずなのだ。

無意識にペンのキャップを噛む人に大事な仕事を任せてはいけない！

ミーティングをしている時などに、ボールペンやサインペンのキャップを噛みだす人はいないだろうか。

特にこのクセが出やすいのは、誰かの話を聞いている時や、知恵を絞り出そうとしている時などだ。「う〜ん…」などとうなりながら、ガジガジとやっているのではないだろうか。

しかし、その頭の中には悲観的な言葉が浮かんでいるはずである。「こんなに一生懸命やっても、どうせ効果ないよ」とか「どうせ、こんなプランを出しても却下されるだけだろうし…」などと考えながら、無意識にボールペンのキャップをかじっているのだ。

つまり、このクセがある人はネガティブな性格で、物事を楽観的に考えられないのだ。だから、何に対してもストレスが溜まるのである。

いいイメージを思い描けないから、うつむいてガジガジ…。このようなタイプには社の命運がかかった重要な仕事は絶対に任せてはいけないだろう。

青信号で我先に歩き出す人はせっかちで面倒見がいいタイプ

街中を歩いていると、横断歩道の前で赤信号に足止めされることはよくある。信号待ちをしているうちにしだいに人が集まってきて、もうすぐ青に変わろうとするその時——。前に立っている人々の間をすり抜けて一番前に出たかと思うと、信号が変わるやいなや先頭に立って歩き出す人がいる。

このような人は、せっかちだが面倒見がいいタイプだ。

逆に、人ごみの中ほどにいて、みんなが横断歩道を渡り始めてからようやく動き出す人は慎重派で、人からせかされることにストレスを感じるタイプである。

また、東京・渋谷のスクランブル交差点のような混み合った横断歩道であっても、正面から来た人にいっこうにかまうことなく、自分の行きたい道を一直線に進むのは、独りよがりで自分勝手な性格であることを表している。

あまりにもマイペースなので、一緒に何かをしようとするとかなりストレスを感じるはずだ。

コーヒーカップを利き手と反対に置くのは目の前の相手に嫌悪感を抱いている

テーブルを挟んで向かい合ってコーヒーを飲む時、カップは手に取りやすいように自分の目の前か、もしくは利き手側のほうに置くのがふつうだ。

それをわざわざ利き手と反対側に置くのは、目の前の相手を快く思ってないのかもしれない。

利き手と反対側に置くと、カップを取るたびに腕が体の前を横切ることになる。

この行動には、相手との空間を隔てたいという気持ちが表れているのだ。

さらに、腕を体の前で横切らせたままでカップを握りしめていたら、その気持ちはますます強いといえる。

それはズバリ、あなたのことが好きではないというサインなのである。

逆に、カップを持った手をテーブルの真ん中あたりまで出して体を乗り出していれば、もっと近づきたいというサインなので心を開いて話をしてみるといいだろう。

話の最中に突然、右上に視線を移したら間違いなく〝何か〟を思い出している！

顔は話をしている人のほうを向いているのに、目玉だけをせわしなくキョロキョロと動かす。これは、何か気になることがあって、話に集中していない時に表れるしぐさだ。

なかでも、一瞬だけ右上のほうを見るのは、何か大事なことを思い出した時だ。たとえば約束していたことを思い出したり、何か忘れ物をしたのに気づいた時などに、思わず「あっ」と右上の方に視線を移すことがある。

その後にそわそわと落ち着かなくなったら、間違いなく何かを思い出したはずである。

また、話を聞いている途中に、「あ〜、それね」などと言いながら左上のほうを見るのは、痛いところを突かれて困っているサインだ。

左上を見た目線がなかなか相手のほうに戻らず、あちこちをさまよっているようなら、どうやってこの場を切り抜ければいいな…と策を練っている最中だ。

もし自分のペースに話を持っていきたいのなら、相手が反撃の策を見つける前に一気に畳みかけてしまえばいい。

いつも同じ上司にミスを連発する部下はその上司を毛嫌いしている証!?

一緒に仕事している人の中に電話の相手の名前を聞き間違えたり、メモの内容を書き間違えるなどの〝うっかりミス〟が多いという人はいないだろうか。

こんなタイプは楽しそうに仕事をしているように見えて、じつは人間関係のストレスを抱えているのかもしれない。しかも、そのことに本人が気づいていない可能性が高いのだ。

たとえば、愛想よくふるまうことで人間関係を円滑に保っているものの、自分でも気づかぬうちに上司を軽蔑している人がいるとしよう。

心の奥深くでは上司の指示に従いたくないと思っているのだが、その気持ちを抑圧して意思に反して行動しているために、日ごろから抱いている本音がミスとなって表れてしまうのだ。

特定の上司への伝言ミスが多かったとしたら、まさにストレスの原因はそこにある。もしかして上司のことを苦手に思っているのではないかとさりげなく聞き出してみよう。抑圧された願望を解き放ってあげられるかもしれない。

待ち合わせの時間より早く来る人はじつは時間にルーズな人

待ち合わせの時間を決めても、人によって来る時間はまちまちだ。時間通りピッタリに来る人もいれば、必ず数分遅れて来る人、かなり余裕を持って早めに集合場所に来る人もいる。

この中で最も時間管理がヘタな人というと、必ず遅れて来る人だと思われがちだが、じつはそうではない。むしろ待ち合わせの時間よりも、かなり早く到着して暇を持て余している人のほうが時間の管理ができていないのである。

今はスマホやパソコンがあれば、電車やバスの発着時刻や乗り継ぎの時間を調べて時間通りに待ち合わせの場所に到着できるものだ。

にもかかわらず早く到着する人は、自分が時間にルーズであることを自覚しているから、早め早めに行動してかえってムダな時間を生み出しているのである。

ポケットに小銭をジャラジャラ入れる人はあればあるほど使うタイプ

小銭で膨んだ財布を持つのに抵抗があるのか、男性の中には財布には札だけを入れて小銭を入れない人がいる。

レジなどで、まず札を出し、それからポケットに手を突っ込んで小銭をひとつかみ取り出して手のひらの上で硬貨を確認している姿を見かけたりするものだ。

ちりも積もれば山となるように、小銭もコツコツと貯めれば相当な額になるのに、それを意識していないのはお金に対する意識がかなり低いタイプといえる。

またこのタイプというのは、細かいことを考えるのが苦手なので、お金を稼ぐというとギャンブルなどで一攫千金を狙うという発想になる。

貯金をしたり、じっくりと投資をしてお金を増やすことなど面倒でまったく魅力を感じていないのだ。

いつも気持ちが大きくて一見、男らしく見えるかもしれないが、あればあるだけ使ってしまうので、お金の管理を任せるととんでもないことになりかねないので気をつけたい。

話す前に目が合って首を傾げるのは暗黙のうちに好意を伝えるしぐさ

初めて会ってまだ話もしていない人なのに、なぜか仲良くなれそうな予感がすることはないだろうか。

こんな場合、まだ言葉を交わしていなくても、すでに相手が無意識のうちにしているしぐさでコミュニケーションが始まっているのだ。

たとえば、何気なく目が合った時に相手が肩をすくめたり、首を傾げたりするのは相手に好意がある時にするしぐさである。これらのしぐさを見ると、その人に近づくことを暗黙のうちに了解されていると感じるのだ。

逆に、視線が合った時にサッと目をそらされたり、無表情だったりすると拒絶されていると感じるものだ。

相手が送ってくる無意識のシグナルを見逃さなければ、初対面の人ともうまくつき合うことができるはずだ。

朝帰りの夫がしきりに目をこするのは浮気の動揺を隠すためだった！

隠しごとや後ろめたいことをズバリ指摘されると目が泳いだり、問題の核心に迫った時に〝目がキラリと光る〟と表現するように、目は〝心の窓〟でもある。

それを意識してかどうかはわからないが、人はウソをついている時、つい目の当たりに手をやってしまう。

たとえば、浮気を疑われている夫が妻から朝帰りのワケを問い詰められ、しきりに目をこすりながら「仕事で徹夜だったんだ」などと答えたら、まずウソだと思って間違いない。

また、眉間を親指でかきながら、手をひさしのようにして目の上を覆ってみたり、両手で顔をこすりながら話をするのもウソをついている可能性が高い。いずれも目に表れる心の動揺を隠すためのしぐさだからだ。

相手がこのような動きを始めたら、信じたふりをして泳がせておこう。そのうちにしっぽをつかめるかもしれない。

ジャケットのボタンをかけ直すのは典型的なヒミツを隠すしぐさ

「あなたはどう思う?」と意見を求められた人が、急に姿勢を正して外していたジャケットのボタンをかけたり、襟元を整えたりしたら、本音がバレないように気持ちを落ち着けているサインだ。

このように胸元をきちんと正そうとするのは、まさに胸の内を隠そうとしているのである。

もしかすると、その場に集まっている人たちとは意見が合わないが、自分がここで反対意見を主張すると話がややこしくなりそうだから黙っておこうとか、こんな話し合いはムダだなどと否定的な気持ちを持っている可能性もある。

もしくは、何かその場では言えない秘密を抱えていて、秘密がバレないように無意識に隠すしぐさをしたのかもしれない。

いずれにせよ、きっとこの人は本音を話さないだろうなと勘ぐって意見を聞いたほうがいいだろう。

逆にジャケットのボタンを外したら、リラックスして本音でつき合いたいと心を開いていることになる。

ウソをついているかひと目で見抜く「目つき」の法則

人の目を必要以上に凝視したり、まばたきもせずに大きく目を見開きながら「本当です」と断言されたら、その人は間違いなくウソを言っていると思っていい。まるでにらみつけるように他人の目を凝視するのは、ウソがバレては困るから相手に考える隙を与えないように威嚇しているのだ。

また、大きく目を見開いて相手を凝視するのは、自分の心の葛藤を表している。ウソがバレそうだから本当はすぐにでも視線を外したいのだが、今外してしまうとウソだと見抜かれてしまうかもしれない…。そんな複雑な心境が、よりいっそう目に力を入れさせてしまっているのだ。

ちなみに、しつこい販売員がこんな目をしていたら、何か大事なことを隠して売り抜けようとしていると思って間違いない。そんな輩には絶対に引っかからないように気をつけたいものだ。

エゴサーチにハマる人が高めたい「自己確証動機」って何？

インターネットで自分の名前やハンドルネームを検索することを「エゴサーチ」というが、芸能人や世に名前を知られている有名人ならいざ知らず、ごく一般の人でもこれにハマる人は多い。

これは、心理学でいう「自己確証動機」を高めたいからだ。自己確証動機とは、自分が感じている思いを他者にも感じてもらいたいと思うことである。

たとえば、自分で自分のことを「前向きな人間」であると評価している人が、「あの人はいつも前向きだ」と自分についてコメントされているのを見ると欲求が満たされる。つまり、自己確証動機を高めるためにエゴサーチにハマってしまうのだ。

だが、自分の名前を検索すれば、自分が知りたくない評判や誹謗中傷を目にしてしまうこともある。

つまり、エゴサーチをする人は自分によほど自信がある人でもあるのだ。

それでも電車に傘を置き忘れる人が向いている仕事とは?

電車の中の忘れ物で必ず上位にランキングされるのが、傘だ。畳んで手すりにかけておいたりすると、下車駅に着く頃にはその存在をうっかり忘れて降りてしまうものである。

だが、これは心理学から見るとしかたのないことである。なぜなら、人は日常的な行動を無意識にしていることが多い。いつも同じ行動を繰り返していると、考えもせずに体が反応してしまうのだ。

傘の忘れ物もこの無意識の行動と関連がある。

毎日、同じ駅から電車に乗り、同じ駅で降りる、という行動を繰り返していると、駅に着いた途端に体が反応して降りてしまう。このルーティーンに「傘を持って降りる」という動作がインプットされていないから、傘を置き忘れることになるのだ。

傘の置き忘れを防ぎたいなら、傘を持って電車に乗った時には必ず足の間に挟んで座るようにするなど自分の行動をパターン化してみるといいだろう。

それでもなお忘れ物ばかりする人は、さまざまなことに対して敏感にアンテナを張っている人かもしれない。

電車に乗っても車内の広告や周囲の人に興味を惹かれて、手元の傘のことなんてすっかり頭から消え失せてしまうのだ。

こういうタイプは、アーティストなどクリエイティブな仕事をしている人に多い。

実生活では何本も傘を無くすような困った人でも、奇抜な着眼点と発想力が必要な仕事では実力を発揮してくれるはずである。

第3章

「態度」の裏に隠された意外な本音

料理に手をつけない人は早く帰りたがっている！

商談や接待の場で飲み食いする機会は多い。その際、招待した客の食が進んでいるかどうかを注意して見ておきたい。

もしも箸が進み、酒も飲んでいるようなら首尾は上々だ。楽しい気分でいるからこそ食が進むからである。ある研究では、「楽しい気分になっている時は、不快な気分の時よりも3倍近くのジュースを飲む」という結果も出ている。

気分がいいことがわかれば、商談や接待には大きなチャンスになる。そして、2軒目、3軒目と場所を変えることで吉と出る可能性が高いはずだ。

逆に、料理にあまり手をつけず、注がれたビールも減っていないという場合は深追いは禁物である。退屈して、「早く帰りたい」と思っている可能性が高いからだ。

そんな時は無理に引き留めるようなことをせず、早々に切り上げたほうがいい。

そして、日を改めてセッティングしてみよう。相手のコンディションをしっかりと見極められれば、次のチャンスで挽回できるかもしれない。

イスよりソファに座っているとなぜ、本音が出やすいのか？

相手の真意を測りかねる時は、ただ単に問いただしたところで本心を話してくれるとは限らない。何の策もなく話を進めても、結局本心はわからないままだ。

そこでまず意識したいのが、シチュエーションづくりだ。人間はリラックスした時ほど本音を漏らしやすくなる。つまり、立ち話より座って話すほうがいいのだ。

心理学的にも人は座った状態だと気が緩み、立った状態だと緊張するのだという。気軽な立ち話のほうが、ざっくばらんに話ができると感じるのだが、その内容はどうしても当たり障りのない内容にとどまってしまう。

本心を見極めなければならない重要な話であればあるほど、座ってじっくり話せる環境をつくる必要があるのだ。もっといえば、硬い椅子より姿勢を崩しやすいゆったりとしたソファーのほうがいいだろう。

できる限りリラックスさせれば、本音を聞き出すこともたやすいのである。

人混みで歩くペースを合わせてくるのは好意を持っているサイン

自分のことを本当はどう思っているのか、恋人の気持ちが気になりだしたら、人混みを一緒に歩く時の行動に気をつけてみてほしい。

２人並んで歩いている時に向こうから誰かが歩いてきたとしよう。一緒に避けようとするなら２人の親密度は高いといえる。しかし、２人の間を開けて通そうとしたなら、あまりあなたに好意を持っていない可能性がある。

また、一緒に歩くペースを合わせてくれるならば好意を持ってくれていることを期待できる。１回で決めつけるのは早計だが、頻繁に同じような行動を取るとしたらそこには恋人の本心が表れているはずだ。

パワハラを繰り返す上司は「自分は特別」な存在だと思っている！

部下に対して四六時中怒鳴り声を上げたり、個人攻撃を続けたりするパワハラ上司がいたら、職場の雰囲気は最悪といっていいだろう。

社員たちはいつ吊し上げられるかとビクビクしながら過ごすことになり、委縮してしまうはずだ。

パワハラを繰り返す人は、どこかで「自分は特別」だと思っているといわれている。

彼らは、常に他人より優位に立っていなければ気が済まず、嫉妬心や支配欲が強く、他人に共感することができない。

そして他人に対して威圧的な態度を取るのは、「相手が自分を怒らせるから悪い」と思っていて罪悪感を覚えないからなのだ。

こんな相手のいうことをまともに受け取っていたら身が持たない。真面目な人ほどこの攻撃をもろに食らってしまい、心を病んでしまうことすらある。

大切なのは、「対抗しよう」と思うことではなく、「関係を断ち切る」ことだ。自分だけで対処するよりも、周囲の力を借りて相手をシャットアウトする方法を探るのが懸命だ。

気のない握手はやはり熱意がないということ？

ビジネスシーンで握手を交わす場面はよく見られるが、この時の握る力で相手の熱意をある程度計ることができる。

そもそも握手をするという習慣があまりない日本で、わざわざ握手をするというのは熱意や賛同を強く表したいというパフォーマンスという側面がある。

そうした場面で気のないような握手をするとしたら、あまり熱意があるとはいえないだろう。

また、熱意があるなしにかかわらず、シャイであるがゆえに握手という直接的なパフォーマンスにはすんなり応じられない可能性もある。

とくに日本人はオーバーな感情表現が苦手なタイプが多い。この場合は、積極的なパフォーマンスは逆効果になってしまう。一歩距離を置いた表現のほうがかえってうまくやっていけることを覚えておきたい。

空気を読みすぎる人が結局誰とも仲よくなれない理由

KYという言葉が流行ったが、その逆の「空気を読みすぎる」人が知り合いにいたとしたら、その場合もまた対応が難しいはずだ。

空気を読みすぎる人というのは、自分の発言や行動に対して他人がどう反応するのかを異常に気にしてしまう傾向にある。そして、他人の意見に添うように自分の意見ややり方を変えてしまうのだ。

この行動は周囲の人間の負担になるため「面倒くさい人」と思われて、いつしか距離を置かれてしまうようになるだろう。

空気を読む、読まないというのは、人が集まる状況でどれだけ他人を意識するかという対人志向性が関わっている。空気を読みすぎる人はその対人志向性が極端に高く、KYな人は逆に対人志向性が極端に低いということになる。

つまり、対人志向性はその度合いが極端に高くても低くても、対人関係に何らかの悪影響を与えてしまうというわけなのだ。

身勝手な行動が引き起こす「社会的ジレンマ」って何？

自分ひとりくらいいいだろうという軽い気持ちで、独りよがりの行動をとってしまうことは誰しも経験があるだろう。

たとえば、通勤ラッシュの駅を思い浮かべてみてほしい。誰かが駆け込み乗車をすると、扉が閉まるのが一瞬遅れる。停車駅のすべてで同様なことが起きれば、電車の遅れはどんどん大きくなり、結果的にダイヤが大幅に乱れてしまうのだ。

このように、ひとりの利益のために行動したことが、社会的にマイナスの結果を招くことを「社会的ジレンマ」という。

この社会的ジレンマは、生活のありとあらゆる場面に存在するといっても過言ではない。

ゴミの分別やエアコンの設定温度、図書館の返却期限など、小さなルールを守るか守らないかにモラルが問われているのである。

ウソをついている人に表れる姿勢のある特徴とは?

うまくウソをついたと思っても、「今のはウソでしょ」などとあっさり見抜かれてしまうことがある。

じつは、ウソをついている時、その人の姿勢にはある特徴が表れる。それは「体のねじれ」である。

立ち話をしている時、身体は自分のほうを向いているのに、足の先が違う方向を向いているとしたら、ウソをつかれている可能性が大きい。意識的に正面を向いてウソをごまかそうとしても、意識の行き届かない足先に「逃げ出したい」という本心が表れるのだ。

また、上半身をそらして胸を張っているのに腰が引けている場合もウソをついていることがある。上半身をそらすのは威嚇のポーズだが、腰が引けているのは虚勢の表れで心理的なねじれが生じている可能性が高いのだ。

ウソを隠すという行為は、心と体が相反するというねじれ現象を引き起こすというわけなのである。

顔だけが笑っている笑顔はやっぱり〝つくり笑い〟だった！

笑顔は人間関係をスムーズにすることに大きな役割を果たす。仏頂面の人より笑顔の人と一緒にいたほうがいいと感じるのは当たり前のことだ。

しかし、いつも笑顔なのに「なんだか胡散臭い」と感じる人がいるものだ。この場合、十中八九、その笑顔はつくりものだ。

心からの笑顔とは顔の表情だけでなく、身体全体のボディランゲージを伴うことが多い。つまり、身じろぎもせずに顔だけが笑っている場合は、心から笑っているのではなくつくり笑いなのだ。

また、自然な笑顔の場合はまず口元が緩み、その後目元が笑うもので、もし目と口が同時に笑っている場合は、やはり笑っていないつくり笑いである可能性が高いのである。

軽く肩に触れただけなのにオーバーアクションをするタイプの性格は？

コミュニケーションの方法はさまざまあるが、身体に触れるというボディタッチは効果的なやり方のひとつだ。親しい関係であればあるほどボディタッチの回数は多くなるし、信頼関係も深くなるといっていいだろう。

このボディタッチは、信頼関係をはかる指標にすることもできる。お互いに信用していないのに、相手からボディタッチをされれば不快になるだけだ。

また軽く肩などに触れるだけで、オーバーなほど身をすくめたりするならばウソをつかれている可能性が高い。すれ違いざまに大げさに避けようとしたり、近寄ろうとしたら即座に身を引いたりするのもウソのサインだ。

後ろめたい感情があると、そこから逃げたくなるのが人情というものなのである。

ウンチクを語りたがるのは「自己呈示の自己宣伝」のなせるワザ！

ウンチクや知識を語りたがる人は意外と多い。自分の知識を自慢気にひけらかすその様子から、自信にあふれていると思われがちだが、実際はその逆だ。

必要以上に知識をひけらかすのは、他人に称賛されたいという欲求の表れだ。博学なところをアピールして、「すごいね」とか「物知りだね」とほめられたいのである。

これは「自己呈示の自己宣伝」という心理の表れで、周囲から称賛されて自分の自信のなさを補おうとしているのだ。

やたら自慢話が多いのも自分に自信がないというサインだといえる。

飲み会で１人黙々と飲む人は神経質で自意識が過剰!?

飲み会などで、隣に座った人が「物静かな人」を通り越して押し黙ったままなどという場面に遭遇することがある。

社会人であれば当たり障りのない会話術のひとつも身につけていてほしいものだが、いったいどのような心理状態が彼らをそうさせるのだろうか。

他人と会話をしたがらない人には大きく2つのパターンがある。

まず一つ目は、内向性が高く、外の世界にあまり興味を示さない人だ。その場合、人づき合いは好まない人が多いので、あまりしつこく話しかけると不快感を与えることになる。

もう一つは、周りに合わせることが苦手だったり、神経質で自意識過剰なタイプだ。この場合は、自分から話を振ることが極端に苦手な傾向がある。

しかし、会話に参加できずに無視されてしまうと、ことさらに傷つきやすい面もあるという厄介なタイプなのだ。

隣で押し黙っている人がいたらとりあえず話しかけてみて、本当に話したくないのかを見極めてみるといい。

行列のできる店にあえて並ぶのはカシコい判断だった！

「日本人は行列が好き」といった俗説もあるが、評判の飲食店やイベント会場などでは休日ともなれば長蛇の列ができるのもおなじみの光景だ。

たかが食事をするのに何十分も待つなんて時間の無駄という人もいるが、店舗の選択という側面から見れば、行列に並ぶというのは実に理にかなった効率のよいやり方といえるのだ。

物事を判断する時に、基準となる要素が多くなればなるほど決断は難しくなる。そこであえて、限られた観点から単純化して物事を素早く判断するのが「ヒューリスティック」という手法だ。

つまり行列に並ぶという行為は、「多くの人が並んでいるのだから美味しい」という判断をしていることになる。値段や雰囲気、メニューなど、判断基準を挙げていけばきりがなくなるところを、他人の行動のみを基準として店舗をすばやく決定するというじつに合理的な結論なのである。

相手によって態度をコロコロ変える女性は「自己呈示」に原因があった！

ふだんは言葉遣いも雑で気が利かないのに、男性の前に出たとたんかわいらしいしぐさで女らしさをアピールするような女性は、「裏表がある」などといって同性から非難されがちだ。

しかし、相手や状況によって見せる顔が違うのは、誰しもがやっているごく自然な行為なのだ。これは自分の印象を操作しようとする「自己呈示」という心理に基づいている。

自己呈示には、取り入り、自己宣伝、示範、威嚇、哀願というやり方がある。これがうまくいくと、好感、有能、立派、恐れ、同情という反応を得られ、失敗すると、卑屈、うぬぼれ、偽善者、空威張り、したたかという印象を与えてしまう。

いくつもの顔を使い分けるというのは、人間関係を円滑にするうえでとても効果がある手法なのだが、やり過ぎや状況判断を誤ることで、かえって自分の評価を落とすということも覚えておきたい。

ひいきをする人は浅はかな人って本当？

幼くは保育園や幼稚園、果ては老人ホームまで、人間が集団の中に属す時は、大なり小なり「ひいき」が生まれるものだ。「先生が○○ちゃんをひいきした」とか「あの人はいつも△△さんばかり優先している」などといった不満を感じたことのない人のほうが少ないのではないだろうか。

職場も同様で、上司が特定の部下をひいきしているというケースもよく見られるが、この上司は、周りの人間を「敵か味方か」という2つに分けて判断していることが多い。つまり、個人的な好き嫌いを社内の人間関係に持ち込んで、その観点だけで判断しているのである。

この手のタイプは視野が狭く、自分の周りの小さな集団を世界のすべてとみなしてしまうことがある。

会社の利益を考えて視野を大きく持てば、ひとつの部署などといった小さな集団の関係の悪化が、全社的な利益の妨げになることは容易に理解できるはずだ。

つまり、ひいきをする人というのは、視野が狭く、考え方も浅はかなのだということができるだろう。

スマホのパスワード変更でわかる3つのタイプとは？

どんな機種かにかかわらず、携帯やスマホにはロックをかけている人が多い。個人情報保護という視点から見ればこれはごく理にかなった行為だ。

一方で心理学の視点で見ると、ロックに使用するパスワードについておもしろいことがわかるのだ。パスワードは一度設定してそのままの人も多いなか、こまめに変更する人がいる。その中でいちばん単純なのが、単に変化を好み、パスワードを変えること自体を楽しんでいる人だ。彼らはパスワードだけでなく、ファッションや髪型、通勤経路や住居などをころころと変える傾向がある。

次は、警戒心が異常に強いタイプだ。彼らはこまめに変更することで、パスワードを見破られるリスクを減らしている。パスワードとなる数字にも気を使い、意味のない数字の羅列になるように細心の注意を払う。リスク管理意識が高い人ということもできる。

問題なのは、携帯やスマホの中に人に言えない秘密がある場合だ。中を見られることを極度に恐れるため、パスワードをこまめに変更するのである。

もちろんパスワードの変更だけで〝クロ〟と判断することはできないが、日頃の行動と合わせて「怪しい」と感じたら、疑うだけの根拠にはなるかもしれない。

靴の先があさっての方を向いていたら話に飽きたサイン

会社の廊下などで、ちょうど話したいと思っていた同僚や先輩・後輩にばったり出くわし、チャンスとばかりにあれこれと質問攻めにしてしまうことはないだろうか。

そんな立ち話の時に、相手の靴先が片方は自分の方を向いているのにもう片方が直角に開いていたら、その人は早く話を切りあげてほしいと思っている。

前述したように、靴の方向はそのまま行きたい方向を示しているので、話が終わったと見るや、さっさとそっちの方角に急いでいってしまうだろう。

逆に両足とも自分の方を向いていたら、落ち着いて話ができる状態にあるということなのだ。

仕事を褒められて喜べないのはじつはトラウマが原因だった？

仕事で成果を上げて人から褒められた時、素直に喜べる人とそうでない人がいる。

喜べない人も仕事で成功したいと思っているはずなのに、なぜ称賛されることを素直に受けとれないのだろうか。

それは無意識に成功することを恐れているからだ。このような成功への恐怖は、子供の頃に植えつけられることが多いという。

たとえば、子供の頃に勇気を持ってした行動を大人から批判されたりすると、大人の顔色をうかがいながら成長してしまい、その結果、褒められても手放しで喜べなくなってしまうのだ。

成功を恐れている人は、うまくいった時に「たまたまタイミングがよかっただけだ」と考えたり、休日を楽しめないワーカーホリックになってしまうなどの特徴がある。

このような子供の頃のトラウマを克服するためには、自分の得意とする分野でさらに力をつけたり、人生の目標についてきちんと考えてみるといい。

心配性の人というのはなぜ落ち着いて見えるのか

心配性の人というと、いつも動きがおどおどしていて、どこか落ち着きがないようなイメージを思い描いてしまいがちだ。

ところが本当に心配性な人というのは、見た目は落ち着いている。心の中では何か悪いことが起こるのではないかと常に緊張していて心休まることがないのだが、そんな自分を抑えているために言葉数も少なく、一見、落ち着いた人だという印象を与えるのだ。

しかし、よく観察してみるとやはりその傾向は行動の端々に表れている。たとえば、誰かに冷たい態度を取られたりすると、すぐに自分が何か気に障ることをしたのではないかと考え、相手がとった態度のことをいつまでも覚えている。

また、友人や知人がいない場所に行くのが不安で、そういうところでは自分は何もできないと思ったりするのも心配性の人の特徴だ。

このようなタイプに「心配しなくても大丈夫！」などと明るく声をかけてもムダである。心の中にあることがすべて不安と結びついているので、心配事を解消したところで、すべてが無事に解決するというわけにはいかないのである。むしろ不安を聞いて共感してくれる人の存在が、心配の種を減らすのに役立つのだ。

心臓疾患を起こしやすいのはせっかちな野心家？

日本人の三大死因のひとつにも数えられる心筋梗塞などの心臓疾患だが、じつは心臓疾患にはなりやすい性格の人となりにくい性格の人がいる。

アメリカの研究者のフリードマンとローゼンマンによると、心臓疾患を起こしやすいのは、せっかちな野心家に多い。

目標を達成したいという意識や上昇志向が強く、常にせかせかと忙しくしている。負けず嫌いで攻撃的なタイプだ。

こうした性格の人はストレスや疲労を溜めやすく、イライラすることも多い。結果として心臓に負担がかかり、病気につながりやすいというのだ。

一方で、心臓疾患のリスクが低い人は、マイペースで競争を好まず、温厚な人柄である。

のんびりして仕事にのめり込むことがないから肉体的な疲労も軽く、争いが嫌いだから人間関係のストレスもあまりない。せっかちな人に比べて、心臓への負担は少なくてすむのである。

日本人には、どちらかといえば前者のタイプ多い。競争社会の中で生真面目に突っ走っている人は、まずは自分の性格を自覚してストレスやイライラを溜めないように心がけてみることだ。

ルールや序列に固執する人は空気を読むのが苦手?

「会議でお茶を出す順番は絶対にこの序列で!」とか「この仕事は必ずこの手順に従って!」とか、そこまで徹底しなくてもいいんじゃないかと思うほどルールや序列にやたらと固執する人がいる。

周囲からすると細かくて口うるさい人に感じるが、本人はそんなつもりはない。ただ、あいまいな状況を把握したり突発的な事柄に対応したりするのが苦手なので、自分がきちんと対応できるように固定化したパターンを崩したくないのである。

このタイプの人は、その場の空気を読んでコミュニケーションをとることも苦手だから、「意見を伺う順番はまずA部長、次はB課長…」などと、序列が明確で決まった段取りがあるほうが安心して仕事を進められるのだ。

このタイプはどちらかというと女性に比べて男性に多い。なぜなら、コミュニケーション能力は一般的に女性よりも男性のほうが低いといわれるからだ。

あいまいな状況で複雑な人間関係を察することが難しいから、ルールや序列に従っていたほうがあれこれと頭を悩まさずに気が楽だというわけだ。

メールをすぐに返信する人、しない人 それぞれの意外な性質とは？

携帯電話やスマホでメールがどこでも手軽にできるようになったのは便利だが、すぐに返信する人もいれば返信が遅い人もいるので、返信のタイミングをめぐって不機嫌になる人もいるだろう。

返信が早い人は、何でもテキパキと片づけておきたい人だ。自分に自信があって決断力もあるから、メールの文章も迷わずに書いてさっさと送信できる。仕事ができるのも、このタイプの人である。

一方で、返信が遅い人は優柔不断で自分に自信がない人が多い。なんて返信したらいいかを迷っているうちに時間がどんどん過ぎてしまうのである。

また、周囲に惑わされないマイペースな人も返信が遅い。「時間がある時に返せばいい」と考えて後回しにするし、場合によっては返信を忘れてしまうことすらある。

周囲の評価もあまり気にしないので「あの人は返信が遅い！」と友人が苛立っていてもいっこうに意に介さないのだ。

このタイプの人に早く返信してほしい時は、「何日までに返信ください」と締め切りを設定しておくといいだろう。

第4章

「好み」と「習慣」から、人の核心を読み解くには？

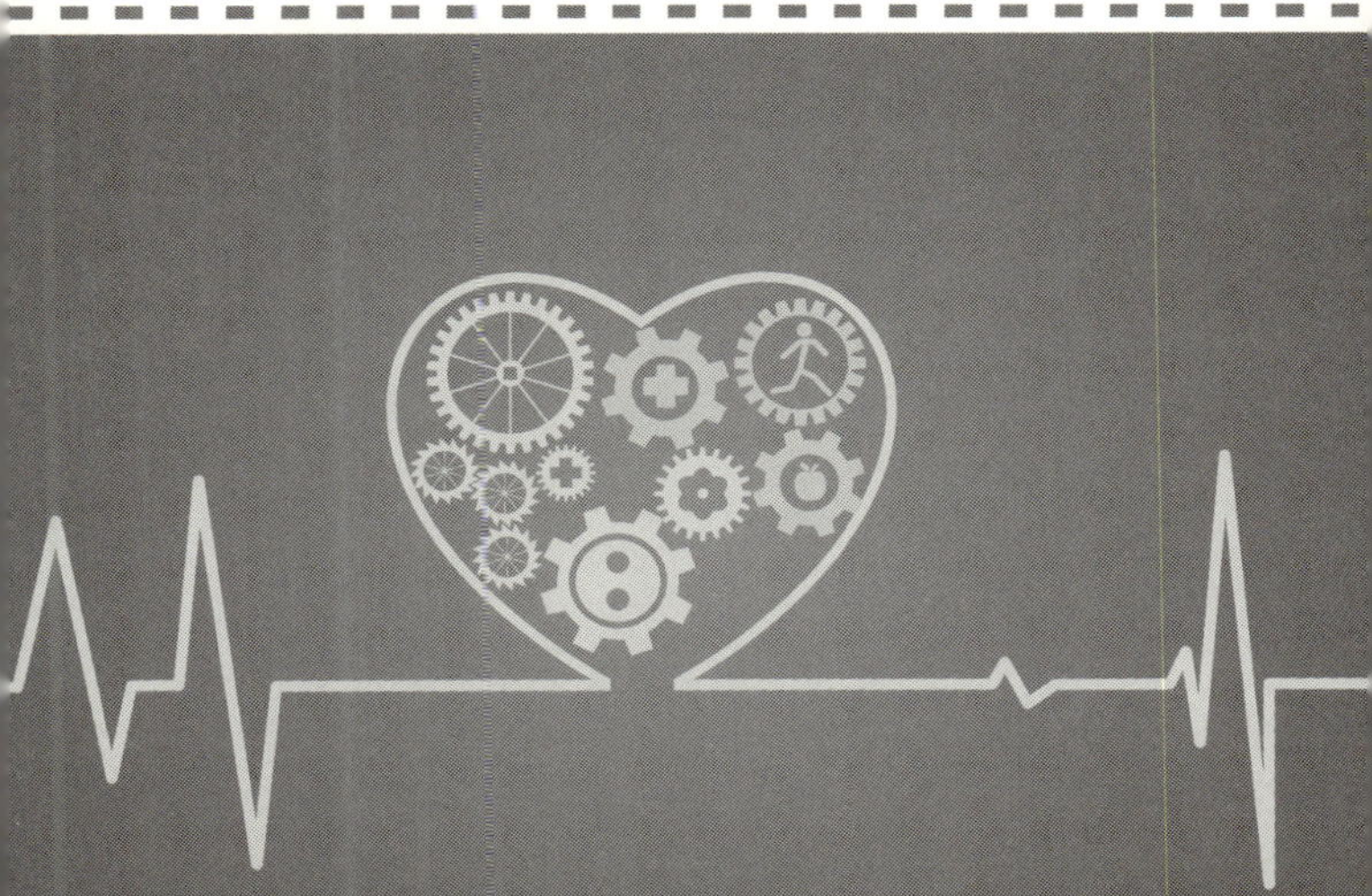

早起きの人は時間に厳しいというのは本当？

いつもより早めに起きて早朝の時間を有効に使う「朝活」が流行っているが、早起きして活動できる人は「やるべきことは早いうちに片づけたい」という気持ちが強い人だ。

スケジュールをしっかり立ててなんでも迅速にこなそうとするタイプで、たとえるなら、夏休みの宿題を7月中にすべて終わらせてしまうような人である。

さっさと物事を進めていきたいので、自分とは正反対の、時間にルーズな人には手厳しい。寝坊して約束に遅刻なんてことはご法度だから、早起きタイプの人と待ち合わせする時には要注意なのである。

裏を返せば、こちらが時間に注意してさえいれば、仕事を一緒にするのに頼もしい相手でもある。きちんとタイムスケジュールを管理してくれるから、お願いした仕事も納期に遅れることはない。それどころか、納期よりもずっと早めに納めてくることもあるはずだ。

実際、アメリカ・ミシガン大学のバーバラ・ワッツ博士が調査したところによれば、早起きするタイプの人は夜型の人よりも成功者が多いという。時間を無駄にせずに、何かを達成したいという目標意識も強いからである。

鏡を頻繁に見る人は他人の目を気にしている！

街中でショーウィンドウや鏡があると、そこに映る自分の姿をつい見てしまう人は多いが、心理学では鏡を見る回数が多い人ほど「公的自己意識」が高いといわれている。

公的自己意識とは、他人から自分がどう見られているかを意識することだ。この意識が高い人は、髪型はおかしくないか、服装は乱れてないか、と周囲の目に映る自分の姿が気になる。だから鏡も頻繁に見るわけだ。

周囲に認められたい気持ちが強いから、服装がおしゃれだったりメイクや話し方にも気を使ったりする。結果として、魅力的で周囲から注目されるような人気者が多い。自分がチャーミングに見えるよう、それなりの努力を重ねているのである。

たとえば、俳優やタレントなどの芸能人はもともと公的自己意識が高い人がなる傾向がある職業だが、職業柄もあって鏡を見る回数も多いから、ますます公的自己意識が高まる。売れれば売れるほど鏡を見て自分を磨くようになり、さらに人気も増していくという好循環になっていると考えられる。

一方で、鏡をほとんど見ない人は公的自己意識も低い。「別に周囲からどう見られようが関係ない」と気にしないから、オシャレとはほど遠い人になる。

だから、もし自分をもっと魅力的に改造したければ、意識的に鏡の前に立つ回数を増やすといいだろう。

スポーツをしている人がかっこよく見えるのは錯覚だった⁉

昔からクラスの人気者というのは、きまってスポーツができるものだ。同じ部活で活躍している姿を見たらドキドキして好きになってしまった、なんて経験のある人もいるだろう。ところが、このドキドキした気持ちは、ただの錯覚かもしれない。

好きな人と一緒にいる時にドキドキと心臓が高鳴る性的興奮と、スポーツをしたあとに心拍数が上がってドキドキする生理的興奮を取り違えて、「好きだ」と勘違いしている可能性がある。

これは心理学で「吊り橋効果」といわれ、別名「恋の吊り橋理論」とも呼ばれるものだ。渓谷に吊り橋と揺れない橋がかかっていて、その中央で異性とばったりと出会ったとする。すると、吊り橋を渡って生理的にドキドキしていた人のほうが、揺れない橋を渡って平然としている人よりも、出会った相手に好意を抱きやすいという実験結果があるのだ。

スキー場や海水浴場で恋が芽生えやすいのも、このドキドキの錯覚がひと役買って、街中で出会った場合に比べてかっこよく思えてしまうのである。

出世するかしないかは傘を見れば一目瞭然？

梅雨や台風シーズンになると、会社の傘立てにもずらっと傘が並ぶことになる。

いつもは気にもとめない他人の傘だが、一度、誰がどんな傘を使っているかをチェックしてみれば、その人の出世意欲が見えてくる。

なぜなら、心理学では傘は権威や権力の象徴だからだ。強い勢力の支配下に置かれることを「大企業の傘下に入る」などと表すが、どんな傘を使っているかを見れば、その人がどれだけ権力を広げたいかがわかるのである。

たとえば、ブランド物の立派な傘を持っている人は、見栄っ張りで、出世意欲が強いタイプだ。

今は上司の指示に従順に従っていても、いずれは周囲を自分の傘下に収めようと虎視眈々と狙っている可能性が高い。

一方で、100円ショップなどで売っているようなビニール傘を使っている人は、モノへのこだわりも出世へのこだわりも薄い人である。

「とりあえず雨に濡れなければいい」という姿勢は、仕事にも通じている。実務的には効率よく仕事をこなしても出世意欲はゼロで、権力争いなどには無頓着な人だと考えられる。

消防士や自衛官がモテるワケは制服にあった！

消防士や自衛官、警察官といえば、お見合いパーティーで女性から人気が高い職業のひとつである。ところで、これらの職業に共通するのは「制服」があることだ。消防士が制服を着ていれば、それだけで勇敢で誠実そうに見える。家庭でも、家族を守ってくれる頼りがいのある夫や父親になってくれそうだというイメージに結びつくのだ。

これは心理学でいう「役割」の効果が大きい。人は社会的な地位や職業によってそれぞれの役割があり、それに沿った行動をするようになる。周囲も相手にその役割を期待する。

制服は、そうした役割をビジュアル的にわかりやすく規定してくれるアイテムだというわけだ。

だから、相手の性格をそれほど知らなくても、警察官の制服を着ていれば正義感が強い人に思えるし、ナースの制服を着ていれば優しい人だと期待する。職業に対するイメージは、その職業の制服を着ている人の印象にそのままつながっているのである。

バーゲンで衝動買いするのは「同調」すると安心だから

バーゲンで熾烈な買い物バトルが繰り広げられていたら、自分も負けじと突進してしまう――。でも、いったん熱気が冷めてみると「なんでこんな服を買ったんだろう」と、衝動買いしたことを後悔したことがある人は多いだろう。

バーゲンで衝動買いをするのは「同調」現象のひとつである。

人は、周囲の人と同じ行動をしていると安心する。バーゲン会場で多くの人が買い物に熱中していると、その雰囲気に同調して「自分も買わなくては」と思ってしまうのだ。

ファッションの流行も同じ現象だ。それほど興味のないファッションでも、今年の流行だと言われると「乗り遅れたら恥ずかしい」と買ってしまうのである。

また、人は「得したい」という感情よりも「損をしたくない」という感情のほうが強く働く。

バーゲン会場でタイムセールが始まると、安く買い物をしたいという気持ちよりも、「今、買わないと損をする！」気持ちのほうが強くなり、焦ってレジへと向かってしまうのである。

バーゲン会場に足を踏み入れた時には、周囲の熱気に惑わされず、この買い物が自分にとって本当に損か得かをじっくりと考えてみたい。

どんな体型の女性に惹かれるかでその人の性格までわかる？

グラマーな女性が好きな男性もいれば、スレンダーな女性が好きな男性もいるだろうが、どんな体型の女性に惹かれるかによってその男性の性格がわかるという興味深い実験結果がある。

これはアメリカの心理学者ウィギンズが行った実験で、横向きの女性のシルエットを男性陣に見せ、好みと性格との関連性を調べたものだ。

これによると、大柄な女性を好む男性は野心的な傾向があり、小柄な女性を好む男性は我慢強くて上流階級の人が多いという。

さらに部分別にみると、バストが大きな女性を好む男性はスポーツマンで外交的な性格、バストの小さな女性を好む男性は抑圧的で従順な性格が多かった。

また、ヒップの好みを見ると、大きな女性を好む場合は受け身で罪悪感が強い傾向があり、小さな女性を好む場合はスポーツにあまり関心がなく、忍耐強い性格がみられるのだという。

実際にこの結果通りかどうかは、自分や周囲の友人の好みと照らし合わせて確認してみるのも面白いだろう。

巷に似た者カップルがあふれているワケとは?

「類は友を呼ぶ」というが、これは友人関係だけでなく恋愛関係にも当てはまる。

自分の身近なカップルを見ても、雰囲気や趣味などがよく似ている者同士がつき合っていることが多いのではないだろうか。

その理由は、人は自分に似ているところが多い相手に対して親近感を抱く傾向があるからだ。

たとえば、清潔感があるきっちりとした服装を好む男性が、けばけばしくだらしない服装の女性に出会っても好感を抱きにくい。それよりは、自分と似たような清潔感のあるファッションに身を包んだ女性のほうに惹かれるのである。

心理学では「類似性の法則」といわれ、生活環境や趣味などの共通点が多ければ多いほど、お互いが親しくなりやすいという法則だ。

似ている部分があれば初対面でも打ち解けやすいし、話題も盛り上がりやすいので、自然と恋愛にも発展しやすいのである。

また、人は恋愛において自分に釣り合ったパートナーを選ぼうとする。これは「マッチング・セオリー」といって、無意識に容貌が釣り合う異性に惹かれてしまう傾向があるのだ。自分と相手とのバランスがとれていることで心も安定し、居心地がいいと感じるわけである。

あえて丸刈りにする男性の意外な素顔とは？

今やオシャレな髪型としても定着してきている大人の坊主頭だが、場合によっては相手に威圧的な印象も与えることがある。あえて丸刈りにしようとするのはなぜなのか。

理由のひとつは、自分に貫録をつけたいからである。丸刈りの人をよく見ると、意外と優しい顔立ちをしている人が多い。しかも思いのほか気が弱くて、デリケートなタイプが少なくない。

だからこそ少しでも迫力をつけたいと髪を剃り、さらには髭を生やしたりサングラスをかけたりして、少しでも自分を強く見せるようにしているのだ。

もうひとつのパターンは、薄毛を気にしている場合だ。男性が薄毛になってくると、残っている部分の髪の毛で薄い部分を覆い隠してごまかそうする人もいれば、カツラを被って隠そうとする人もいる。

どうせ薄毛ならいっそのこと全ての髪の毛を剃ってしまおうとスキンヘッドにしてしまう人は、潔い性格で、自分に自信を持っているタイプである。

どちらの理由で丸刈りにしているにしても、見かけほど怖い人ではないはずだ。

仕事への意気込みはランチタイムに垣間見える？

昼食をとりながら会議をするランチ・ミーティングや、昼休み中に合コンをするランチ合コンが増えている。食事をしながらのほうが相手との会話が弾み、お互いの距離も近くなるので、ランチは有効なコミュニケーション手段なのだ。

とはいえ、都合によっては一人でランチをしている人も多いだろう。そんな時に、どんなメニューを頼んでいるかで、その人の仕事への姿勢が見えてくる。

たとえば、立ち食いソバ屋などで短時間に食事をすませる人は、時間をできる限り有効に使いたい人だ。

とりあえず空腹を満たせればＯＫで、残った時間をフル活用したいのである。エネルギッシュで達成意欲が高い人でもある。

一方で、時間にゆとりを持ってしっかりとした食事をする人は、自分ひとりの時間を大切にしたいタイプだ。

食事が出てくるまでの間に読書をして情報収集したり、次の企画の案を考えたりして、ランチタイムを仕事のリフレッシュのためにうまく利用しているのだ。時間の使い方が上手だから、仕事ができる人も多い。

また、自分でつくったお弁当を持参する人は倹約家であるのはもちろん、毎朝早起きして弁当をつくれるほど努力家で持続力もある。地道にコツコツと仕事を積み重ねていく人である。

休みの日が怖くなる人のある特徴とは？

休日にはのんびりと自宅でくつろぐ人もいれば、アクティブに外出する人もいるだろう。どんな過ごし方をするにしても、休日になるのを楽しみにしながら日々の仕事に励んでいる人は多いはずだ。

ところが、なかには休日が近づくと不安になって、落ち着かなくなってしまう人もいる。これは「休日恐怖症」といわれる症状である。

休日恐怖症の人は、休みの日をどうやって過ごしていいかがわからない。仕事以外の趣味や交流関係がほとんどないので、会社に行かない時にするべきことが何も思いつかないのだ。しかも、仕事中毒になっている場合も多いので、仕事をしていないとイライラして居ても立ってもいられなくなってしまうのである。

もし自分がこうした症状に思い当たるなら、要注意だ。休日恐怖症になりやすい人は、努力家で時間を無駄遣いすることが嫌いな傾向がある。自分でも気づかずにストレスや疲労を溜め込んで、心身ともに限界になっている場合もある。

せっかくの休日にゆっくり休むなどしてリフレッシュできないと、結局は仕事にも支障が出てくる。時には頑張ることをやめて、何もしない時間を持つのも大切だ。

にわかスポーツファンが急増する心理的理由とは？

オリンピックやワールドカップなどの世界的なスポーツ大会で、日本代表チームが勝ち進んでいくと急増するのが〝にわかファン〟だ。

ふだんからそのスポーツを応援してきた根っからのファンの中には「今まで興味がなかったくせに…」と苦々しく思う人もいるかもしれないが、にわかファンが急増する背景には身内びいきをしてしまう人間心理が隠されている。

人は自分が所属している集団を「内集団」、つまり身内だと捉える傾向がある。そのうえで、内集団以外の「外集団」と差別して内集団に対して好意的な態度をとることを「内集団バイアス」という。

簡単にいえば、身内びいきの心理である。

そうして考えると国同士の対戦となるスポーツの国際大会では、日本人全体が内集団と捉えられ、対戦国の人は外集団として意識される。

応援しているうちに身内びいきの心理が強く働き、身内と思っている日本代表チームが勝ち進むことで自分の自尊心も満たされるのである。気がつけば、にわかファンになっているというわけだ。

コレクションをやめられないのにはワケがあった！

家族の中にコレクターがいて、家にモノが溢れて困っているという人は少なくない。しかし、他人から見たらどうでもいいようなモノでも、コレクターにとっては大切な宝物である。こうした収集癖がある人は、モノを通して人とのコミュニケーションをとっている場合が多い。

同じ趣味の仲間とコレクションを持ち寄って自慢し合ったり、趣味について語り合ったりするのがコミュニケーション手段のひとつなのだ。

子供がおもちゃのメダルやゲームのカードを収集するのも、これと同じ心理だ。「自分はこんなに集めている！」と友だちに自慢することで自信を高めたり、コレクションを交換することでお互いの仲を深めたりしているわけだ。

また、「サンクコスト効果」によって収集をやめられない人もいる。サンクコストとは、すでに支払って取り戻せない費用のことで、これまでにコレクションに投じた費用や労力を考えると、やめるにやめられず収集を続けてしまうのである。

ワイルド系ファッションをする人の本心とは？

サングラスをかけ、皮のライダースジャケットを着て、Ｔシャツにはドクロのマーク、ごついシルバーアクセサリーをじゃらじゃらとつけている…。そんなワイルド系ファッションを見ると怖いイメージがして気安く近寄りたくはないはずだ。

じつは、これこそがワイルド系ファッションをする人の狙いだといえる。

というのも、ファッションには「こうなりたい！」という理想の自分が反映される。本来の自分は気が弱くて優しい性格なのだが、その反対に「もっと強く見せたい！」「人からなめられたくない！」という意識が強いので、こわもてに見えるファッションをすることで周囲を威嚇していると考えられる。

だから実際に話してみると、見かけとは裏腹に腰が低かったり、対人関係が苦手で引っ込み思案な人だったりする。そういう性格をワイルド系ファッションという鎧で覆い隠しているだけなのである。

派手なファッションを好む人の性格って？

どんなファッションが流行っていても、人目を引くようなド派手な服装を好む女性はいるものだ。

派手好きな人は目立ちたがり屋で、自己顕示欲が人一倍強い傾向がある。周囲に自分を「認めてほしい」「注目してほしい」という気持ちの表れが、派手なファッションや奇抜な服装に走らせているわけである。

自尊心が強くて自分が大好きだから、きれいな自分を広くお披露目できるＳＮＳは絶好のコミュニケーションツールだ。可愛く写った自撮り画像を次々とアップするのもこのタイプの特徴で、周囲から賞賛を浴びるとどんどんエスカレートして派手になっていく。

また、奇抜なファッションをしている人のなかには、このタイプとは正反対の性格の持ち主もいる。容姿や性格にコンプレックスを持っていて、自分に自信が持てないタイプの人だ。

それらのコンプレックスを隠すために派手なメイクをしたり、奇抜なファッションを身にまとって「こうなりたい自分」に変身しているわけだ。

ふだんは地味なのに、イベントなどでコスプレに凝るのもこうした変身願望の表れである。

職場の飲み会を断る若手社員の本音はどこにある？

ひと昔前は職場の上司から飲み会の誘いがあれば、若手社員は有無を言わせず出席が決まっていたものだ。

ところが、今や飲み会を断る部下の話は珍しくない。

かつての年功序列を重視する世代は「上司の誘いを断るとは！」と腹立たしいだろうが、じつは断っている部下のほうからみると、それほど悪いことだと思っていない。

彼らにとってアフター5は完全にプライベートな時間で、仕事の延長のような飲み会に自腹で参加費を払ってまで出席する必要はないと考えているからだ。

こういう若手社員が増えているのは、「個人主義」が日本にも浸透してきたひとつの結果だといえる。

所属している集団に無理をして合わせるよりも、個人的な趣味や予定に時間を使いたいのである。

だから、彼らにしてみたら職場の飲み会に参加するよりは、自宅でスマホゲームでもしていたほうがいい。

そのほうが飲み会代も節約できるし、職場の人間関係に煩わされずにひとりで好きなことを満喫できるというわけだ。

こういう若手社員を無理に誘っても、アルコールハラスメントだと言われてしまうのがオチだ。

歓送迎会や接待など、仕事を円滑にするために必要な飲み会には「仕事の一環だから」と誘っても、それ以外は無理強いしないほうが無難である。

持ち物で相手のステータスを判断するのはどんな人？

やたらと他人の持っているモノをチェックする人は、モノの価値を通して相手を値踏みしている人である。

Aさんの時計はどこそこのブランドだとか、B子のバッグは海外でしか買えない限定品だとかをすかさずチェックして、「この時計をしているならAさんは年収もいいんだろう」「あのバッグを持ってるなんて流行の最先端をいってる！」などと、持ち主がどういう人かを品定めしているのだ。

だから、自分もいいモノを買い揃えていないと自信が持てずに不安になる。「B子があのバッグを持ってるなら、私はもっと格上のブランドのレアなバッグをゲットしたい！」と、モノで相手に差をつけようとするわけだ。

こういう人は、小さい頃から「私はこんなにおもちゃを持っているけど、あの子はあれしか持ってない」など、持ち物でステータスを決めてきた傾向がある。

これは幼い子供にはありがちな傾向だが、ふつうの人は成長していくうちに相手の持ち物よりも、考え方などもっと抽象的な事柄で人を判断するようになっていくのがふつうだ。

それができずに大人になってからもモノが対人関係の判断基準になっているということは、その人が精神的に幼い頃のままだといえるのである。

最新機種を誰よりも先に手に入れたくなる人の深層心理

iPhoneの最新機種が発売されるたびにニュースに流れるのは、誰よりも早く手に入れたいと店頭に何時間も並ぶ人たちだ。

このように徹夜で並んでまでスマホやゲームの最新機種に飛びつく人たちは、その商品を手に入れることの楽しみに加えて、商品を通して自分のアイデンティティを確立しようとしている場合がある。

「このメーカーの最新機種を持っている自分」が最先端でイケてると思っているので、理想とする自分になるためには何としてでも新製品を手に入れたいのだ。そうすることで自尊心が満足するし、自分にも自信が持てる。

さらに、その商品をいち早く周囲やSNSで自慢することで、ほかの人よりも優位に立ちたいという心理も働いている。周囲から「最新機種をもう持ってるんだ！すごい！」と称賛されることで優越感に浸れるというわけだ。

このタイプの人は、限定品などのレアな商品にも弱い。「誰も持っていないなら、どうしてもゲットしたい！」と思わず飛びついてしまう傾向があるのだ。

それが本当に必要な商品なのかどうか、よく考えてから購入するといいだろう。

LINEをやめられない人の意外な共通点とは？

中高生から社会人まで、若い人たちの間ではすでに欠かせないコミュニケーションツールになっているのがＬＩＮＥやTwitter、FacebookなどのＳＮＳである。

ほとんどの人がやっているので、「やらないと取り残されてしまう」という焦燥感から始めた人も多いのではないだろうか。

だが、こうした焦燥感が強い人はそればかりになってしまう危険があるから要注意だ。

ほんの少しの間でもスマホを見なかったら「自分が見てない間に皆が盛り上がってたらどうしよう」などと不安になり、頻繁にチェックしてしまう。入浴中でも外出中でもスマホが気になってしかたがなくなるのだ。

特に、女性は男性よりも「共感力」が高い。お互いに共感し合うことで連帯意識を強めていく。人によっては、「みんながしてるから私もしたい」と周囲に流されてしまう。

また、気が弱い人はグループの中でリーダー的な存在の人の反応を気にして、その人がメッセージのやり取りをやめない限り自分もやり取りを続けてしまうケースもある。その挙句に、心身ともに疲れ果ててしまうことになるわけだ。

スマホを使う時間を決めるなど、ＳＮＳに振り回されないことが大切なのだ。

スマホゲームにハマってしまう危ない心理

スマホのゲームアプリは「無料」をうたっているものが多いが、実際にゲームを始めてみると思わず課金をしてしまいたくなることがよくある。

なかには月に数万円から数十万円を課金する「課金中毒」の人もいて、以前、社会問題にもなったほどである。こうしたスマホゲームはプレイヤーが課金したくなる心理を巧みについている。

たとえば男性に多いのは、闘いに必要な体力や強くなれるアイテムを入手するために課金してしまうパターンだ。ゲームの中ではプレイヤーのランキングが表示されるので、「競争心」や「闘争心」が煽られるのである。

女性の場合は、自分の分身のキャラクターを装飾するためのアイテムを購入してしまう人が多かった。レアで可愛いアイテムを入手することで、ほかのプレイヤーから「可愛い！」と褒められると自尊心が満足するのだ。

そのほか、希少アイテムをゲットできる場合なども少額から課金できるから「300円くらいなら…」と財布の紐が緩んでしまう。希少アイテムが出ずに「あと1回だけ」と続けてしまう…。

もし心あたりがあるようならハマり過ぎには要注意だ。

誰からの友達申請でも一発OKしてしまう人の本音とは？

ＳＮＳを利用していて困ることのひとつが、それほど親しくない人からの友達申請だろう。会社の上司や取引先、挙句の果てには元カレなど、承認するのに躊躇してしまう相手から申請される時がある。

こういう相手がどういうつもりで申請しているのかといえば、ともかく数の上で友達を増やしたいと思っているだけだ。

たとえつき合いが浅くても、あるいは今はつき合いがなくても、そんなことはいっこうに構わないのである。

このタイプの人は、知らない人から友達申請がきても気軽に承認してしまう傾向がある。よく知らない人や覚えていないような相手でも、「友達が増やせるなら…」と、深く考えもせずに承認してしまうのである。そうやって友達が増えれば増えるほど他人から承認されたいという「承認欲求」が満たされることになり、周囲に自分は人気者で顔が広いと自慢できて自尊心が満足するのだ。

だが、ＳＮＳの友達はやたらに増えてしまうと対応が面倒になることもある。また、知らない人からの申請は詐欺の可能性もある。うかつに申請や承認を続けていると、手痛い目にあうこともあるからくれぐれも気をつけよう。

どこのポジションをやりたがるかでわかるその人の性格とは？

サッカーなどほかのスポーツに比べて、野球はポジションによる役割が明確で子供にもわかりやすい。そのせいか、どこのポジションをやりたがるかでその子の性格がわかるという。

たとえば、一番目立つピッチャーをやりたがる子は当然目立ちたがり屋だ。自分の投げる一球からゲームが始まるのだから、選手や観客の視線が集中する瞬間はたまらないはずだ。

また、目立ちたいからキャプテンに立候補したりもするが、負けん気が強くわがままなところがある。

同じように、内野手をやりたがる子供も注目を集めたいタイプのひとりだが、こちらは芯が強くミスしてもめげない。

そして、キャッチャーは自分に自信があるので、他人からの批判を気にしない強さがある。また、守備よりもバッターボックスに立って攻撃するのが好きなのは派手好きで、地道な努力をするのは苦手なタイプだ。

おもしろいのは、どこの会社にもこのような性格を持ったまま〝成長した大人〟がいることである。

持ち主の性格は旅行バッグの中を見るとわかる！

バッグの中には、持っている本人が必要としている物が入っている。だから、その中身を見てみると持ち主の性格がわかるのだ。

とくに旅行バッグの中身には性格が表れやすい。なかでも、いろいろなものが入った重そうなバッグを持ってくる人は心配性だ。常に〝何かあった場合〟を想定して、完全装備しておかないと安心できないのである。

逆に、必要最低限のものだけを持ってくる人は、何か不測の事態が起きても「どうにかなるさ」と重く受け止めないタイプだ。

こういう人は、ふだんから持ち物が少なく、財布とスマホをポケットに入れて手ぶらで出かけることもある。ただ、必要なものがあればどこかで買えばいいと思っているので、不経済でお金をあまり大事にしないタイプともいえる。

第5章

できる大人の心の読み方・使い方

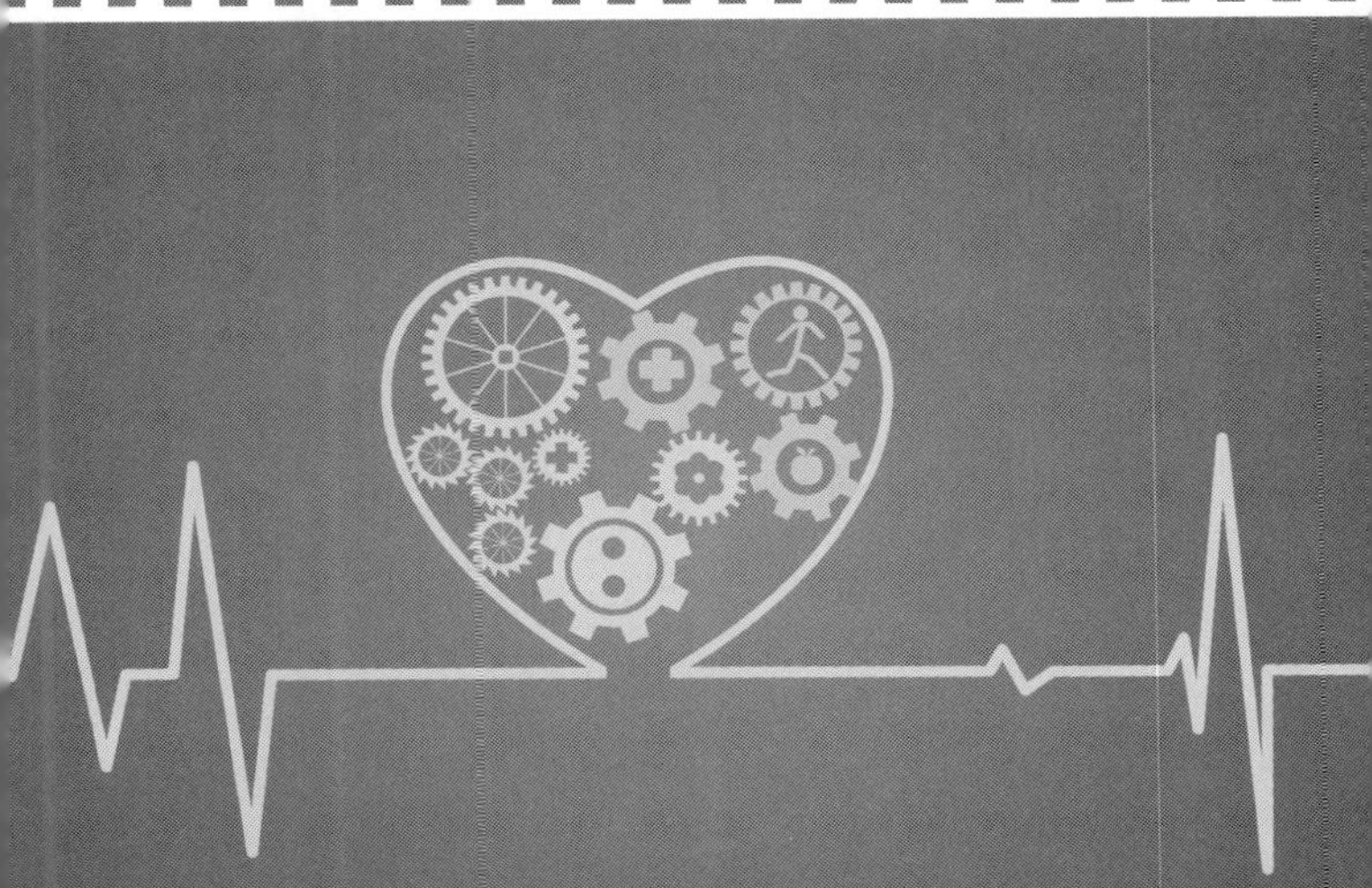

微妙な表現の違いで選択が変わる「フレーミング効果」

人は絶対的な価値よりも、自分の基準を重視する

◆枠組みに当てはめる不合理な心理

折り込みチラシに、目当てのスニーカーがA店では「50パーセントオフ」、B店では「半額」と書かれていた。さて、あなたはどちらの店のほうがよりお買い得に感じるだろうか。もちろん、どちらも同じ価格であることは説明するまでもないが、どちらがよりお買い得と感じるかは人によって差がある。この心理を表したのが「フレーミング効果」だ。

フレーミング効果は、人が何らかの枠組み（フレーム）において物事を理解することを指す。先の例のように、ある選択肢におけるわずかな表現の違いによって、

◆ 損か得かの基準は値段で決まるわけではない

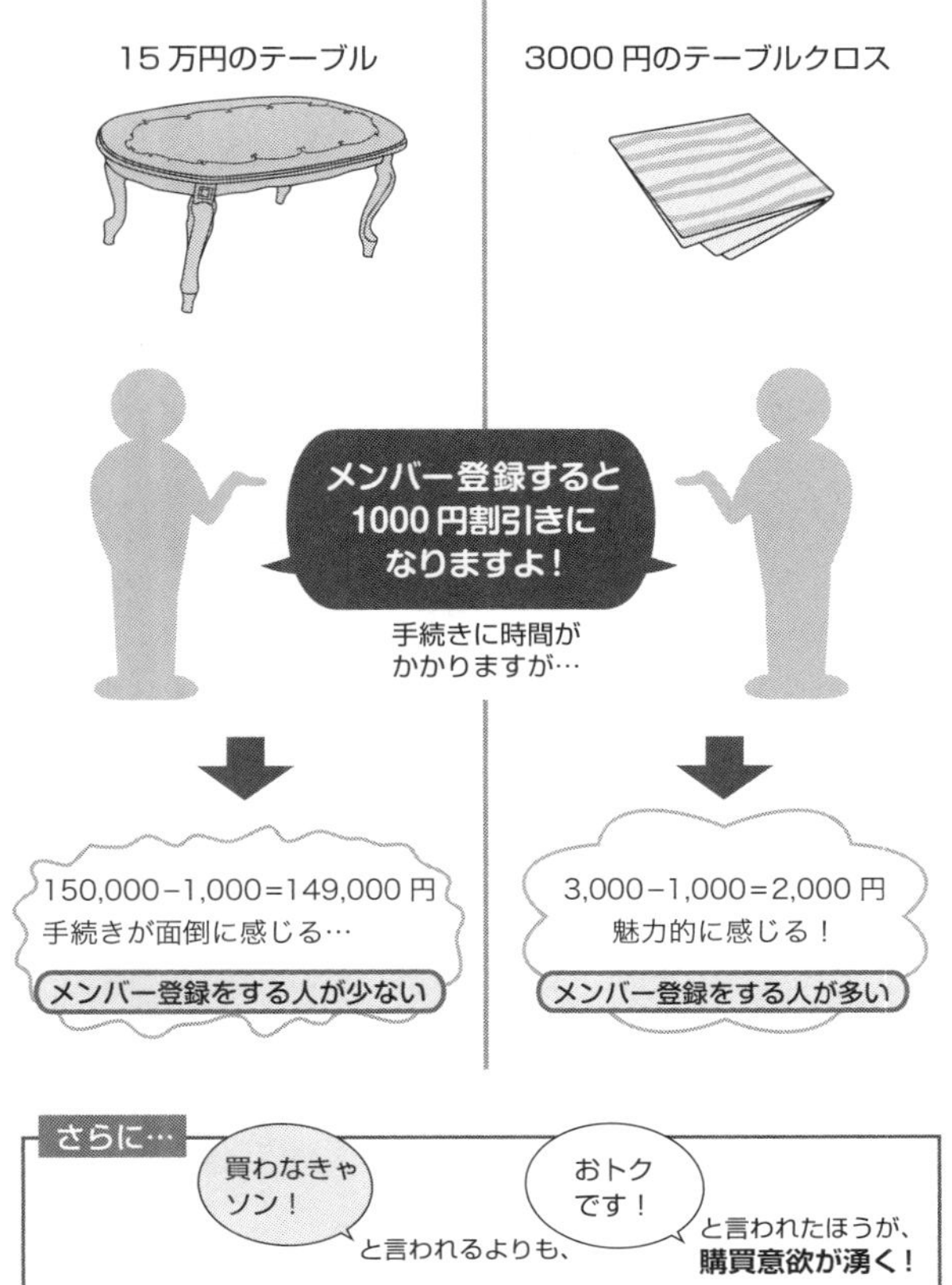

絶対的評価ではなく自己の基準点を採用してしまうような不合理な心理のことだ。

実際、アンケート調査では「50パーセントオフ」よりも「半額」のほうが、より購買意欲をそそられるというデータが出ている。同じ選択肢でも個人のフレーミングが異なれば結論も変わるというわけだ。

◆視点を変えさせる表現のトリック

とくにフレーミング効果は、数字や確率の問題に直面した時に出現しやすい。たとえば、同じ肉でも赤身80パーセントと脂身20パーセントと異なる表記で売られていれば、赤身80パーセントのほうがおいしそうだと感じる人が多かったりする。

また最近では、何かを購入する際に「メンバー登録をすれば割引きになる」という販売戦術が多いが、この場合は割引きになる価格だけで比較するのではなく、そこにメンバー登録の手間を換算して自分の基準で得だと感じれば加入するのだ。

この効果は、視点の置きどころが意思決定に影響をおよぼすことにある。わずかな表現の違いで目先の損得にとらわれてしまう危険もあるので注意が必要だろう。

集団とオピニオンリーダー

周囲から影響を受ける人の深層心理

クチコミや流行を生み出す集団の影響力をおさえる

◆「あの人が持っている○○」

子供の頃、友だちが持っているオモチャを「みんなが持っているから」という理由で親にねだったことはないだろうか。

この「みんな」は心理学においては「準拠集団」という言葉で表される。そして、この準拠集団が人間心理におよぼす効果は、子供の時に限らず大人の社会にもたしかに存在しているのだ。

準拠集団とは価値観やライフスタイル、文化などを同一とみなせる集団のことだ。ビジネスマン、女子高生、アイドルのファンクラブ、あるいは同郷の出身者、同期

◆ 準拠集団＝価値観やライフスタイル、文化が同一の集団

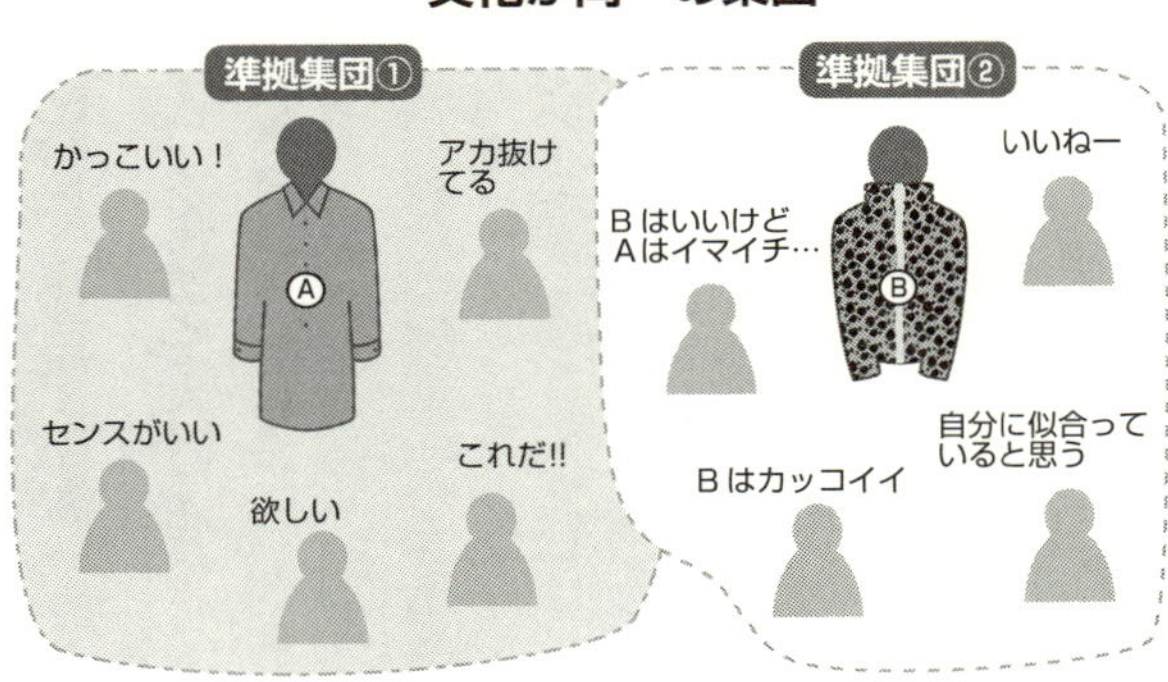

入社組もこれに当てはまる。

この準拠集団には強い影響力を持つオピニオンリーダー的存在がいるのが特徴で、そこから評価や流行が生まれる。

クチコミという現象もこれに大きく影響される心理で、だからこそ「あの人が持っている○○」という形でモノが流行したりするのだ。

当然のことながら、異なる準拠集団であれば、それがたとえオピニオンリーダーの言葉でも心に響かない。

あくまで同一だからこそ影響を与え合うのである。

脳内イメージ

頭の中でイメージできるかどうかで勝負は決まる

具体性のあるメッセージは心理的効果が高い

◆話に入り込ませるには

真剣に話を聞いていても、今ひとつ内容が頭に残らないということがある。

体調が悪くて頭が冴えないとか、そもそも話をしている相手が嫌いで話すのが苦痛になっているなど、いくつか原因は思いつくが、そういう事情がないのであれば相手の話し方に問題があるかもしれない。

人に何らかのメッセージを発信する時は、聞き手がその内容をイメージできるかどうかが重要である。

たとえば「野菜は体にいいらしいよ」とただ言われても、漠然としすぎていて相

◆ 相手がイメージできない言葉では説得できない

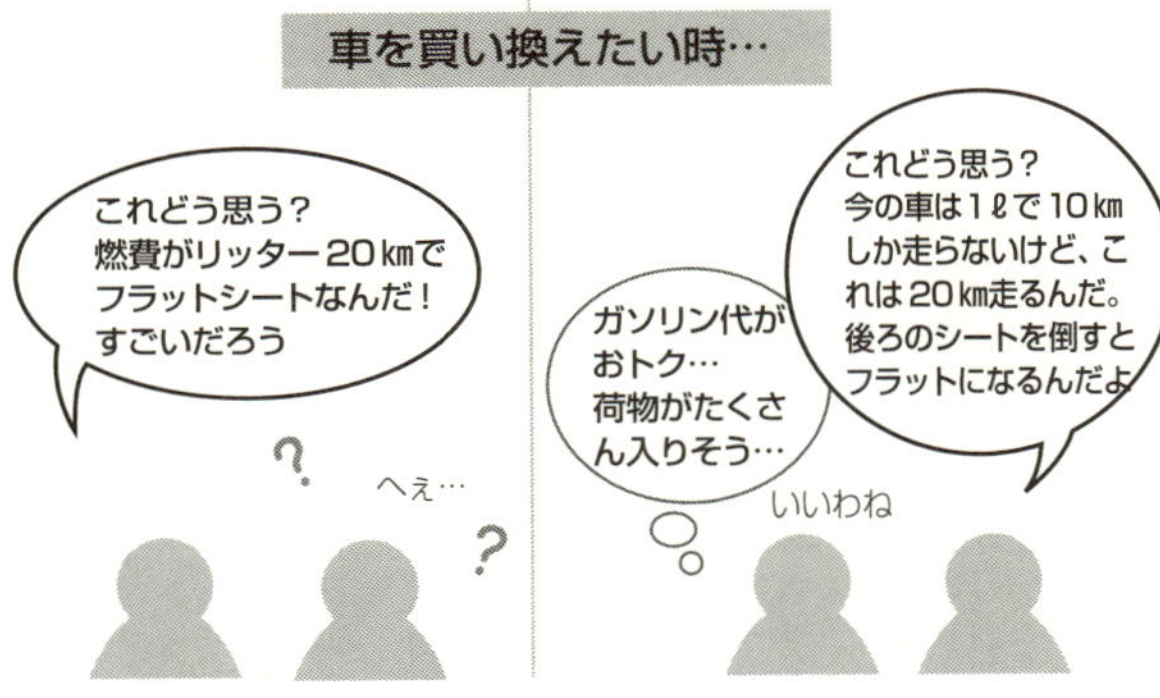

手は話に入り込めない。

だが「肉と一緒に野菜を食べると、メタボ対策にいいらしい。とくにキャベツはおすすめだよ」と説明すれば、相手には具体的なイメージが伝わるのだ。

こうなると話の内容に対する理解度がグンとアップする。

とくに何かを買わせたい時やビジネスでのプレゼンなど、説得のテクニックとしては最適だ。

相手をその気にさせるには、いかに具体的にイメージを膨らませるかに重きを置いて話せばいいのである。

認知のバイアス

自分に都合のいい解釈をしてしまう「バイアス」の仕組み

事実を都合よくねじ曲げる人間心理を見抜く

◆思い込みを肯定したがる確証バイアス

物事に対してはニュートラルな視点を持ちたいと思っている人は多いだろうが、人の心はそうは思い通りにはならない。

先入観や思い込み、固定観念という言葉があるように、人が物事をある特定の方向に見ようとすることはごく当たり前にあり得るからだ。

こうした心理は専門的には「認知のバイアス」と呼ばれ、ここにはさまざまな心理的効果が含まれる。とりわけ日常生活で多く見られるのが「確証バイアス」だが、これは自分に都合のいい事実のみを集めようとする心理のことである。

たとえば「末っ子は甘えん坊」だと思い込んでいる人は、末っ子のしっかりした行動は見落とし、甘えた行動にはすぐに気がつく。そして「やっぱりそうだった」と事実を認識するといった具合だ。

◆リスク回避を鈍らせるバイアスとは

認知のバイアスは災害や事故といった異常事態に直面した時にも働く。

1つは、目の前の出来事がそこまで深刻ではないと考えたがる「正常性バイアス」だ。たとえば、台風が接近しているのに外出してしまい被害に遭ったり、高熱が出ているのに出勤して救急車で運ばれたりする。どちらも共通しているのは「これくらいたいしたことないだろう」という思い込みだ。

また、「ベテラン・バイアス」はパイロットや運転手が、自らの経験と能力を過信したことによって大事故を引き起こすようなケースでよく使われる。

都合のいい思い込みをすることで、現実を正しく認知できないのがこの心理の最大の特徴だ。自分の心理状態を客観的に観察することが大切だ。

◆「自分はわかっている」という思い込みが現実とのズレを生じさせる

思い込みから生じる認知のバイアス

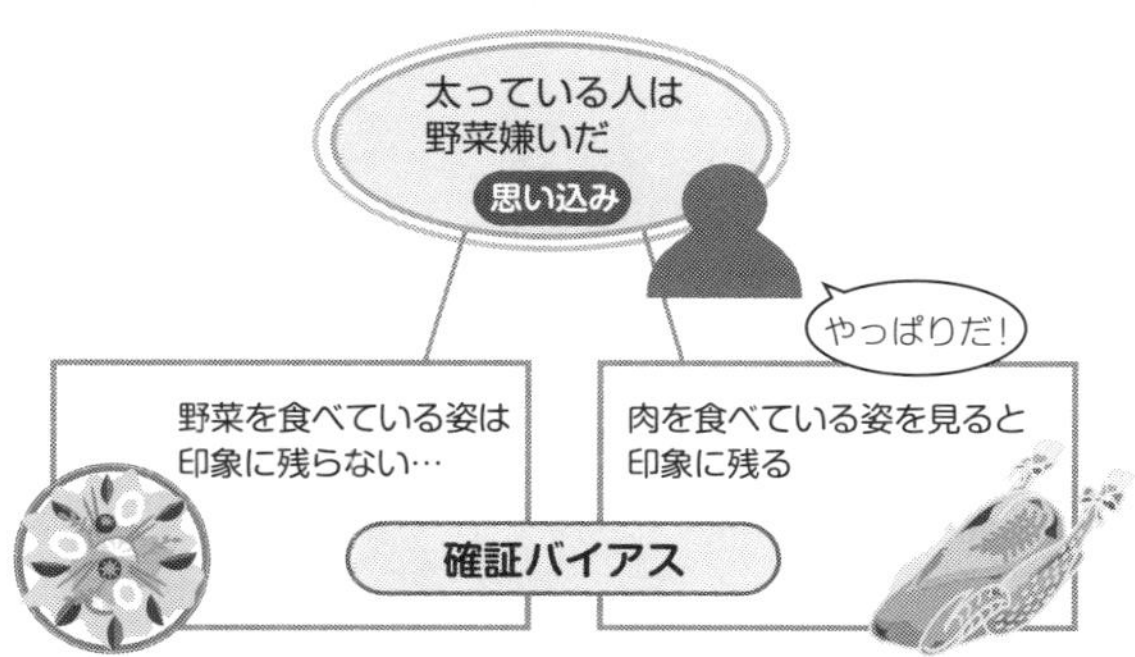

危険な状況下でも「まだ大丈夫」と思いたがる認知のバイアス

「これくらいなら平気だ」と暴風雨の中を出かけて被害に遭う

「自分には経験がある」と人に助けを求めず、大惨事を起こす

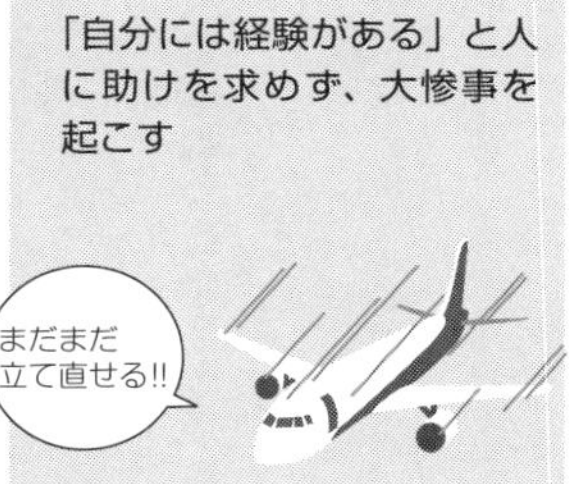

正常性バイアス

ベテラン・バイアス

記憶の仕組み1

「繰り返し」で強化される記憶のメカニズムとは？

記憶の鮮度を保つには、変化をつけたリピートが必要

◆同じＣＭが飽きる理由

何かを覚えるために「反復」という手がある。たとえば歴史の年号や化学記号、役者のセリフなどを覚える時に使うものだ。

だが、この繰り返し作業が常に記憶の強化につながるとは限らない。じつは、それを説明する代表的な例にテレビコマーシャルがある。

同じ内容を繰り返すＣＭはそれなりにインパクトがあるが、見慣れると鮮度が失われて記憶はしだいに薄れていってしまう。

ところが、同じ商品でも少しずつ表現方法を変えてＣＭのバリエーションを増や

◆ バリエーションのある繰り返しに効果がある

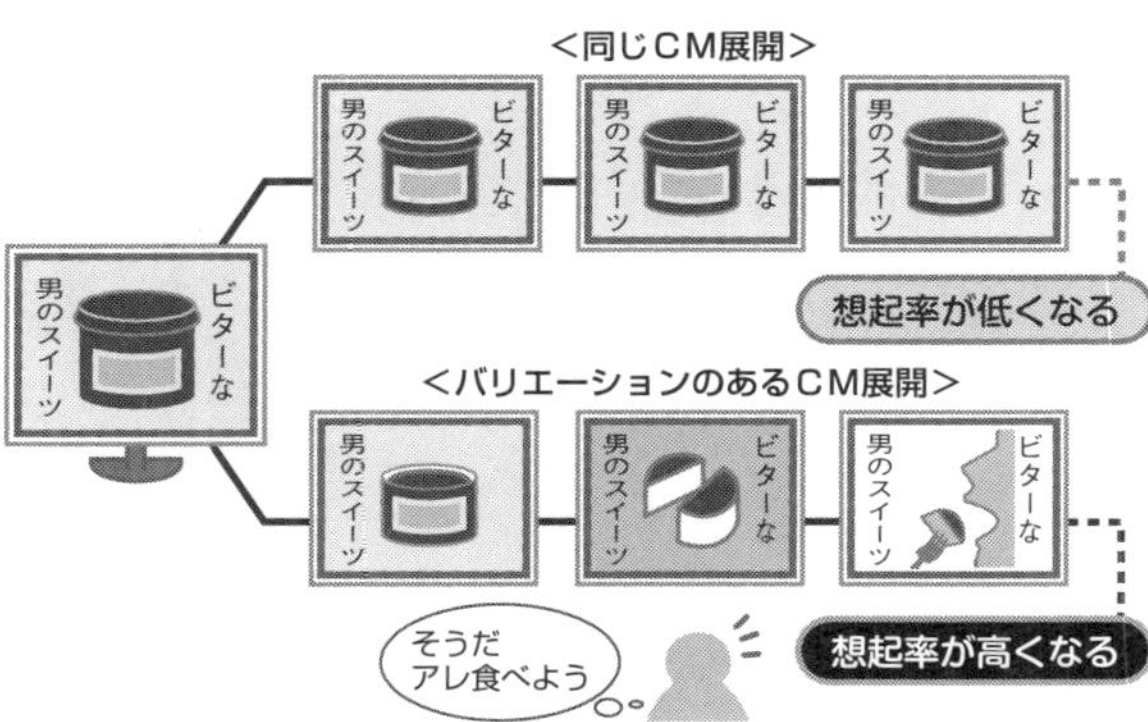

すと、それに対する記憶の鮮度が保たれ、より印象に残るのだ。

これは実際に、オハイオ州立大学のマッコロー博士の調査でも証明されている。

つまり、人の記憶は同じ言葉やイメージをただ繰り返すだけでなく、変化をつけてリピートすることで強化されるということなのだ。

これを理解しておけば、たとえば相手を説得したい場合など、どのようにアプローチすればいいかのヒントになるだろう。

3回繰り返せば記憶は書き換えられるというのは本当か

暗示にかかれば間違った情報が簡単に刻まれる

◆記憶の歪みの心理

人間の記憶力は意外と曖昧なものである。古い知り合いと昔話をしていて、「こんなことあったよね」と言われて「あれ？　そうだっけ？」と首をひねることもけっして珍しいことではない。

記憶の正確性に関しては、イギリスのある大学で行われた実験が興味深い。

その内容は、255人の大学生を対象に5分間の強盗シーンのビデオを上映するというもの。そして、その後で実際にはビデオに映っていないが、わざと「犬が吠えてましたよね」と問いかけるのである。

すると、1回だけの問いかけでも記憶は曖昧になり、このことを3回吹き込むと、相手は暗示をかけられたかのように「犬が吠えていた」というウソの情報にも疑問を感じなくなったというのである。

日常生活でもこうした記憶の歪みが利用されるケースがある。

たとえば、仕事で「今日が締め切りって伝えてありましたよね」と強気に出れば、相手はあわてて仕上げてくれるかもしれない。誰も自分の都合のいいように記憶を操作しているなどと疑う人はいないだろう。

記憶の仕組み3

感動を伴った体験が記憶に深く刻まれる理由

「感動的な記憶」は脳に刻まれる経路が違う

◆ドキドキの初デートは覚えている

自分が見聞きしたものをすべて記憶しているという人はまずいない。ふつうは、どうでもいいことはものの数日で忘れてしまい、よほど印象が強い出来事だけを覚えているものである。

では、この記憶という網に引っかかる「よほど印象が強いこと」とは具体的に何か。たとえば、感動を伴う出来事などはその代表といっていいだろう。

学生時代は日本史の授業が苦手だったのに、好きな時代劇や小説では歴史の流れや人物の相関図をしっかり把握できるという人はけっこう多いはずだ。

◆ どんな気持ちで情報をインプットしたかで記憶力は変わる

歴史の教科書

歴史小説

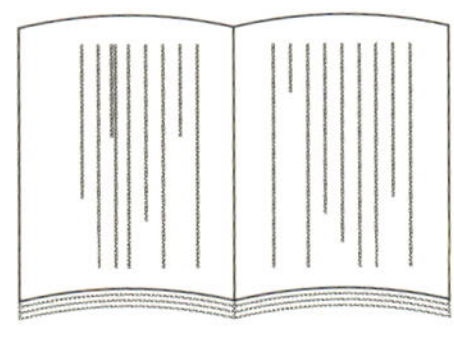

教科書で学んだ歴史はあまり記憶に残らない…

しかし

歴史小説で読んだ歴史は記憶に残る！

感動を伴った体験をすると記憶力がアップする

＝

物語に引き込まれたり、ドキドキしながら頭にインプットされた情報は強く記憶に残る

また、初めてのデートで一緒に観た映画の内容や食事のメニュー、着ていた洋服なども鮮明に思い出せたりする。これらの記憶が強烈なのは、そこにドキドキやワクワクといった感情が伴っているからなのである。

◆感情を伴う記憶の刻まれ方とは

脳内の話をすると、記憶は神経細胞をつなぐシナプスなどさまざまな経路を辿って海馬へと辿り着き、そこで初めて記憶として刻まれる。

ところが、そこに喜怒哀楽の感情が伴うと最短経路で海馬へとつながるので、記憶はより強く刻まれる。結果としていつまでも脳内にとどまっているのである。

もちろん、楽しい思い出だけでなく何日も泣き明かしたような悲しい体験や、激しい怒りを覚えた出来事なども、同じように強烈な記憶として刻まれているはずだ。

2人が同じ出来事を体験しているのに、片や記憶が鮮明で、一方でほとんど記憶がないというケースがあるが、これは両者の心の動きに温度差があった証拠なのだ。

したがって記憶がないことを責めても無駄なのである。

フォールス・メモリ

歪んだ記憶が定着してしまう「フォールス・メモリ」とは?

記憶のエラーは誰にでも起こり得る

◆人間の記憶はウソをつく

ある日突然、身に覚えもないのに、いきなり友人から「そういえば昔、おまえに金を貸したことがあったよな」などと言われたら誰だって驚く。

この友人をただの妄想家だと思うかもしれないが、じつは一概にそうともいえないところがある。

心理学には「実際にはないのに、あったかのように錯覚する記憶」を意味する「フォールス・メモリ」（偽りの記憶）という言葉があるからだ。

これは、たとえばいじめを取り上げた雑誌の特集を目にした時に、「そういえば

◆ フォールス・メモリ＝「偽りの記憶」

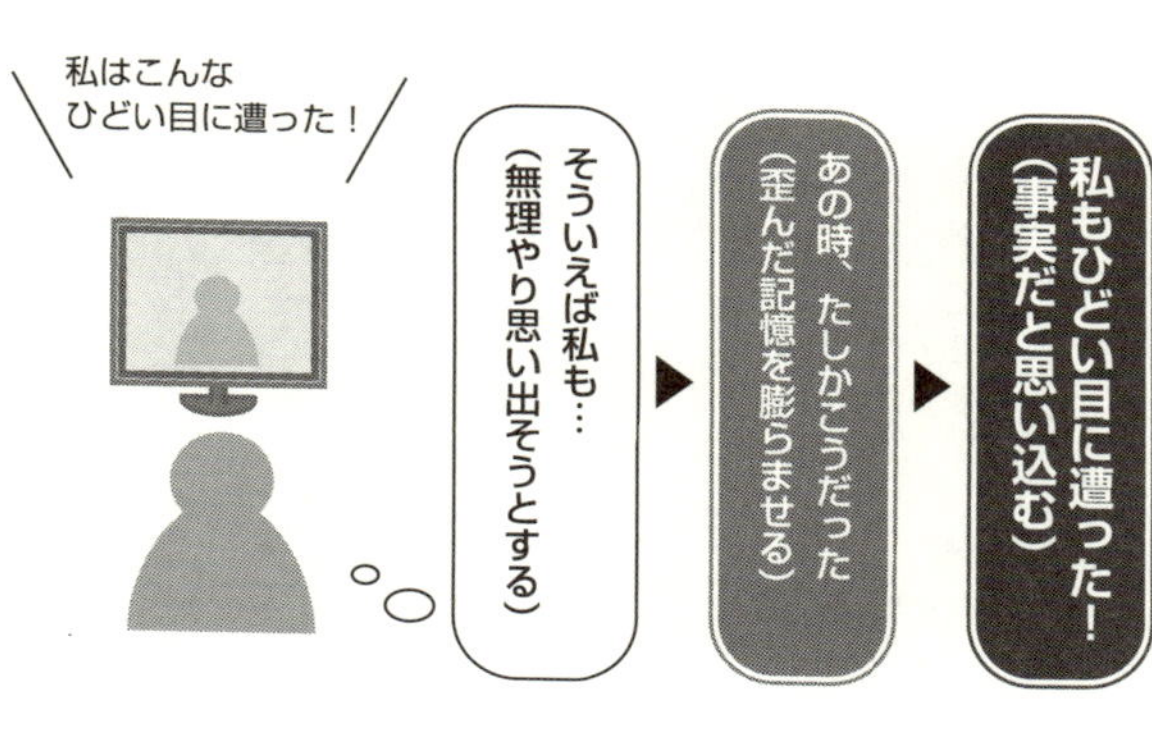

私も同じ目に遭ったかもしれない」という間違ってとらえた過去を無理やり掘り起こし、そのうえで記憶を膨らませてしまうような心理のことである。

こうした記憶のエラーは、記憶する力に障害があるかどうかではなく、誰にでも起こり得る。

とくに海外ではカウンセリングでのセラピストの誘導によってフォールス・メモリが引き起こされトラブルへと発展した例も多い。

人間の記憶は時にウソをつくこともあるのだということを認識しておこう。

ジョハリの窓

「自分のことは自分が一番よくわかっている」のウソ

自分の〝見せ方〟と〝隠し方〟が一目でわかる

◆自分をオープンにする方法とは

就職などで新しい環境に身をおいた時、緊張してなかなか馴染めないという人がいるかと思うと、すぐにでも順応してしまう〝トクな性格〟の人もいる。

このような差がどこで生まれるのかは、アメリカの心理学者ジョセフ・ルフトとハリー・インガムがまとめた『ジョハリの窓』に当てはめてみるとわかりやすい。

それによると、人間は自分の心に４つの窓を持っていて、その窓の大きさで人とのコミュニケーション能力に差が出るというのだ。

◆どの窓が一番大きいか？

その4つの窓とは、「明るい窓」（自分も他人も知っている自分）、「盲点の窓」（他人だけが知っていて自分は気づいていない自分）、「隠された窓」（自分だけが知っている自分）、そして「未知の窓」（まだ誰も気づいていない自分）だ。

この中で「明るい窓」が大きいのが、いわゆるオープンな性格といわれる人だ。こういうタイプは、初対面の人に対しても失敗談でも何でも包み隠さず話すから、自然と会話が盛り上がる。だから、新しい環境にもすぐに馴染むことができるわけだ。

逆に、「隠された窓」が大きいと、周囲には本心が見えづらい人だという印象を与える。そうなると、人と打ち解けるのにも時間がかかってしまうのだ。

そこで、人間関係をスムーズに運びたいと思ったら、まず「明るい窓」をできるだけ広げたい。そのためには、自分だけが知っている自分をオープンにするといい。

さらに、家族や友人に他人から見た自分を指摘してもらうことで、「盲点の窓」を小さくするのである。このように〝自分〟というものを少し意識的にとらえると、人間関係はうまくまわり出すようになるのだ。

◆ 人間は４つの窓（自分）を持っている

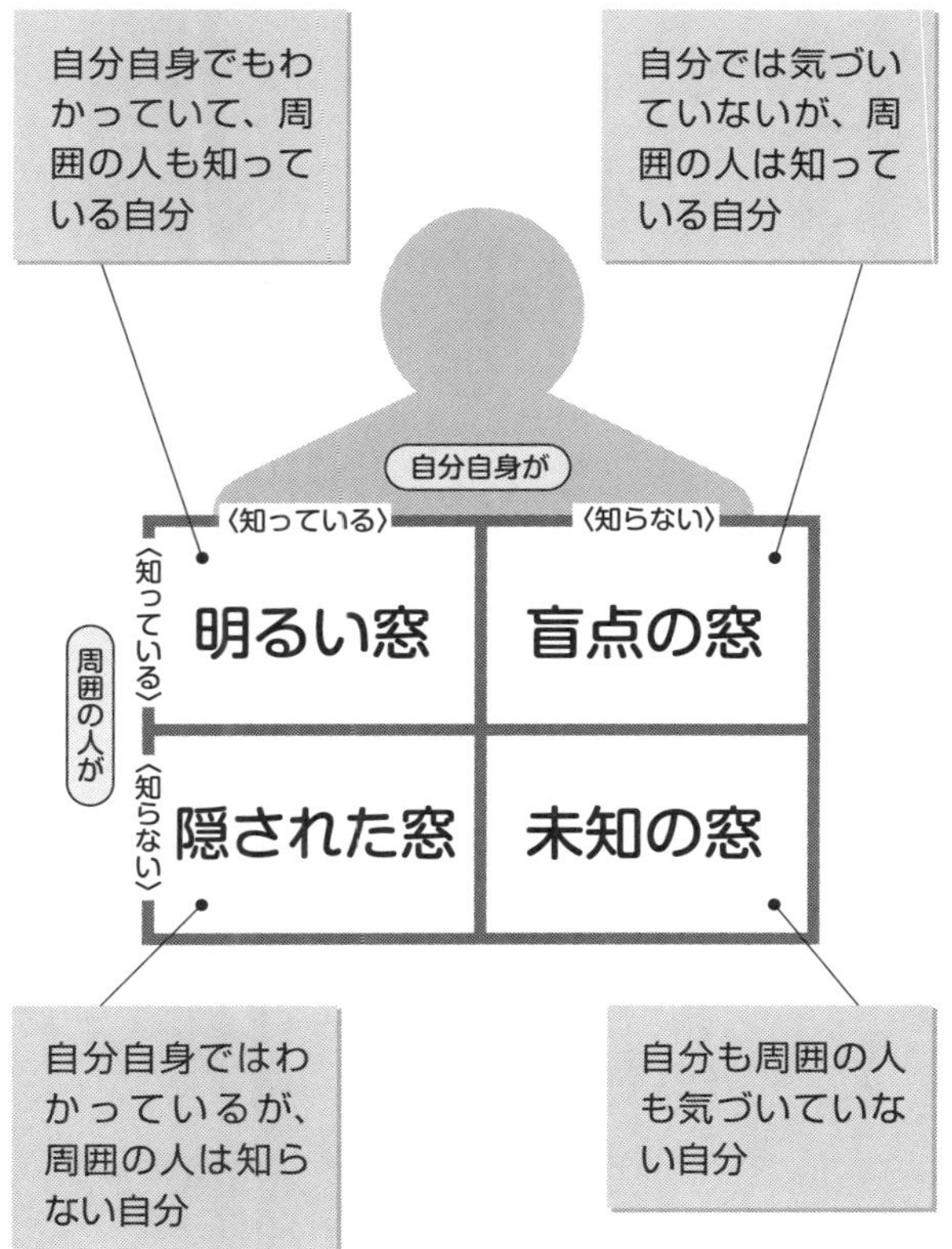

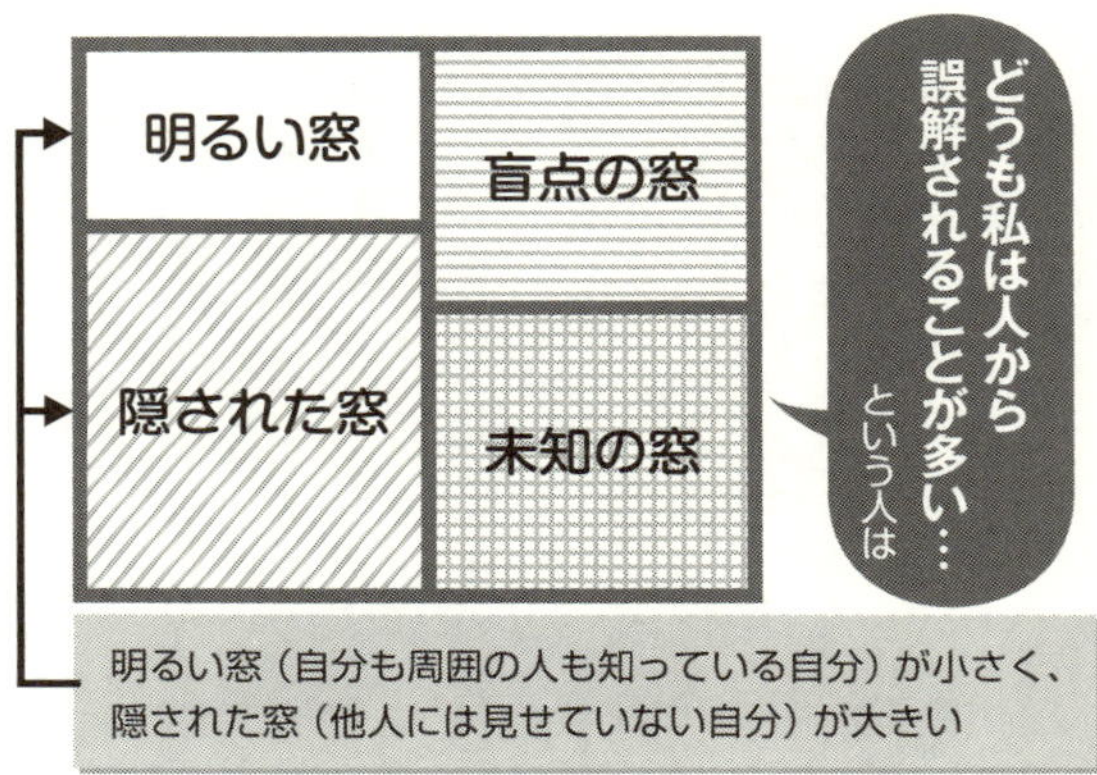
明るい窓
盲点の窓
隠された窓
未知の窓
どうも私は人から誤解されることが多い…という人は
明るい窓（自分も周囲の人も知っている自分）が小さく、
隠された窓（他人には見せていない自分）が大きい

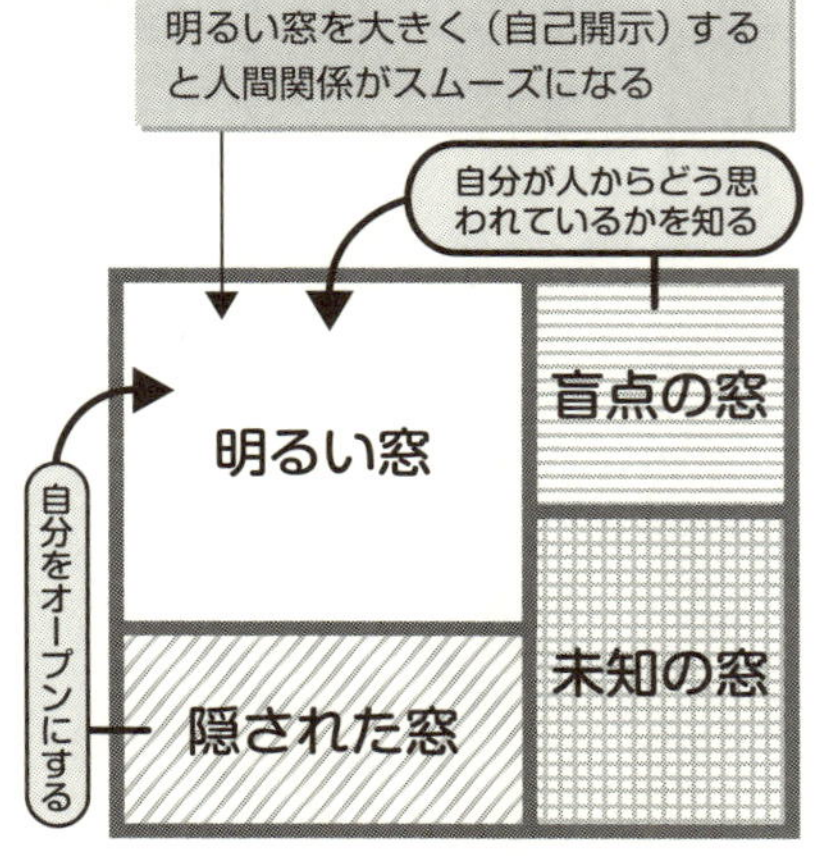
明るい窓を大きく（自己開示）すると人間関係がスムーズになる
自分が人からどう思われているかを知る
明るい窓
盲点の窓
未知の窓
隠された窓
自分をオープンにする

5つの性格

自分の性格を自分で客観的に位置づけるコツ

人の性格は5つのタイプに分類できる

◆平凡？　危険？　変わり者？

一般に人間の性格というものは「おとなしい」「頼りがいがある」「変わっている」などいくつかのタイプに分かれる。これを因子分析という統計手法で、科学的に研究したのが心理学者のアイゼンクである。

それによれば、人間の性格は「外向か内向か」と「情緒の安定の度合い」の２つの構成要素の組み合わせにより、５つのタイプに分類できる。

ここでいう「外向」とは、社交性があることを意味する外向とは異なり、物事の興味や判断基準を自分の外側に持っていることを指している。

◆ あなたはどんな性格？

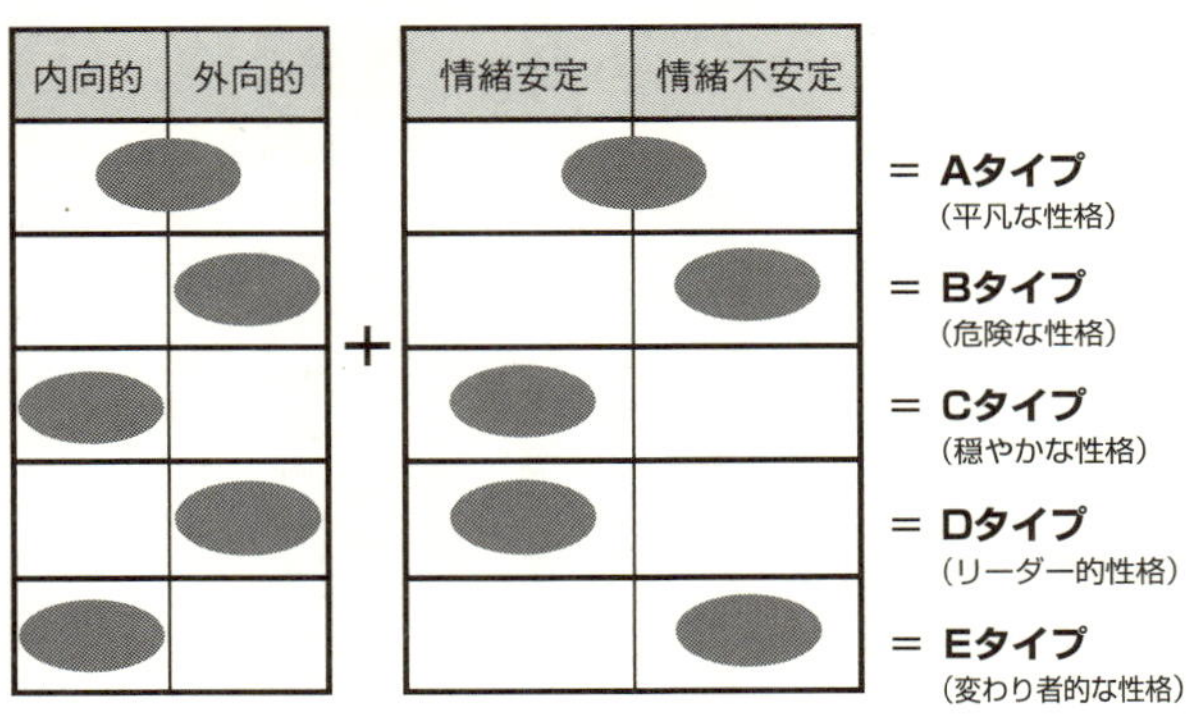

言い換えれば、自分の価値観よりも他人の事情や世間の常識といった、他者の価値観を重視する傾向にあるということだ。

たとえば、外向的で情緒が安定している人はリーダー気質だが、同じ外向的な人でも気分の浮き沈みが激しい情緒不安定型ならば、想像力がたくましく傷つきやすい危険なタイプとなる。

苦手な人の性格をこれに当てはめて理解することで関係性が改善することもある。

大いに参考にしてはどうだろうか。

外罰・内罰・無罰

3つの反応パターンを知れば、簡単に自己分析できる！

問題が起きた時の反応は3つある

◆フラストレーションの謎

職場や家庭でうまくいかないことがあった時、人は心に不満を溜め込むものだが、心理学ではこのフラストレーションに対する反応が3タイプあるとしている。

1つめに、その矛先を外に向ける外罰的反応である。

「ミスをしたのは取引先の理解不足のせい」「遅刻したのは課長に呼ばれたせい」というように、原因を自分以外に求める。他人をひどく責めたり、八つ当たりするタイプといってもいいだろう。

逆に、原因をすべて自分の中に向けるのが内罰的反応である。

◆ 不満をぶつける先は？

不満の原因をつくった人を責めたり、自分の周りにいる人に八つ当たりする

自分以外に原因があっても、自分自身を責める

相手も自分も責めず、物やシステムなどに問題があったと考える

原因が外、つまり自分以外にあるのが明白だったとしても、「それを招いたのは自分」で「私がしっかりしていれば」と、何でも自分のせいにする。

そして、そのどちらにも当てはまらないのが無罰的反応だ。

「天気が悪かったから仕方がない」「仕組みがよくない」などと、当事者以外の部分を問題視するきらいがある。

楽天的な反面、責任をはぐらかすタイプでもある。

とにかく、いずれかの反応が突出しすぎるのは性格的に偏りがあるので改善が必要だろう。

上方比較と下方比較

傷ついた心を修復する人間心理のメカニズム

他人を引き合いに出すか、心をコントロールするか

◆あの人に比べたら…

人間は誰しも自分の人格や価値観を大切にしたいと思う「自尊心」を抱いている。人前で他人に叱責されるとひどくショックを受けたりするのも、自尊心が傷つけられるからだ。しかし、ケガをすれば自己治癒力が働くように、人は傷ついた自尊心を本能的に守って回復しようとする。

その代表的な心理が「下方比較」で、これは自分よりもさらに悪い状態の人を引き合いにして安心を得るという方法だ。

それとは逆に、自分よりもいい状態の人を引き合いに出す「上方比較」もある。

こちらは「いつかはあの人のように幸せになれる」「私も上達できるはず」といった感情で負った傷を修復しようとする。心理学においては、自尊心の高い人ほどこうした前向きな思考ができると考えられているのだ。

◆言い訳で予防線を張る

また、自分の心を自分でコントロールすることで自尊心を守る方法もある。

たとえば、ゴルフのラウンド前に「夕べ寝不足で体が重いんだよなあ」などと言い放つ人がいるが、これは、先に自分を不利な状況に追い込むことで、スコアが悪くても自尊心を保てるようにする「セルフ・ハンディキャッピング」と呼ばれる方法だ。

これなら失敗しても傷つかないし、逆に不利な状況でも良いスコアが出せたとなれば、むしろ自尊心が高まる。ただし、言い訳がましい印象を持たれやすい。

ちなみに後ろ向きの思考が強いと、他人と比べる下方比較や上方比較では、かえって劣等感に苛まれる場合もある。

自尊心を保つのは大事だが、高すぎても低すぎてもよくないというわけだ。

◆ 自尊心を傷つけられた時の心の動き

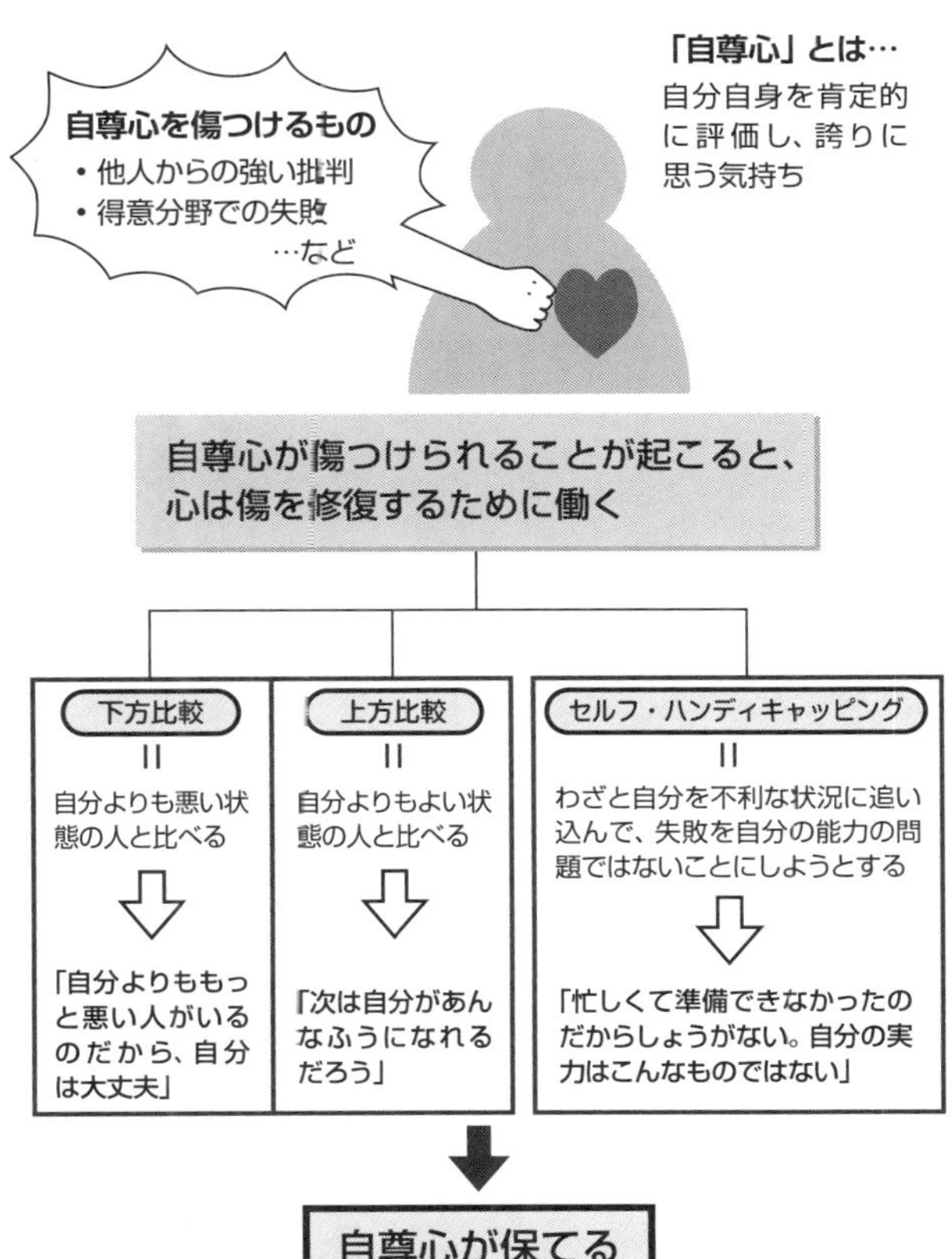

無意識のうちに作動する心の安全装置とは？

心にダメージを受けた時はこう対処する

◆苦しみを軽減する対処法

どんなに順風満帆な人生を歩んでいても、長い人生、一度や二度は心に大きなダメージを負うような苦い経験をするものである。

こういう場合、人はそれぞれのやり方で何らかの対処法を施すことになるが、これを心理学では「防衛機制」と呼ぶ。

わかりやすいのは、いやなことがあると酒を飲んだり、パチンコに興じたりする心理である。この行動は「逃避」と呼ばれ、文字通り、現実から目をそむけることで心が壊れるのを防ごうとするものだ。

◆ 精神的ダメージを受けた時の行動と意味

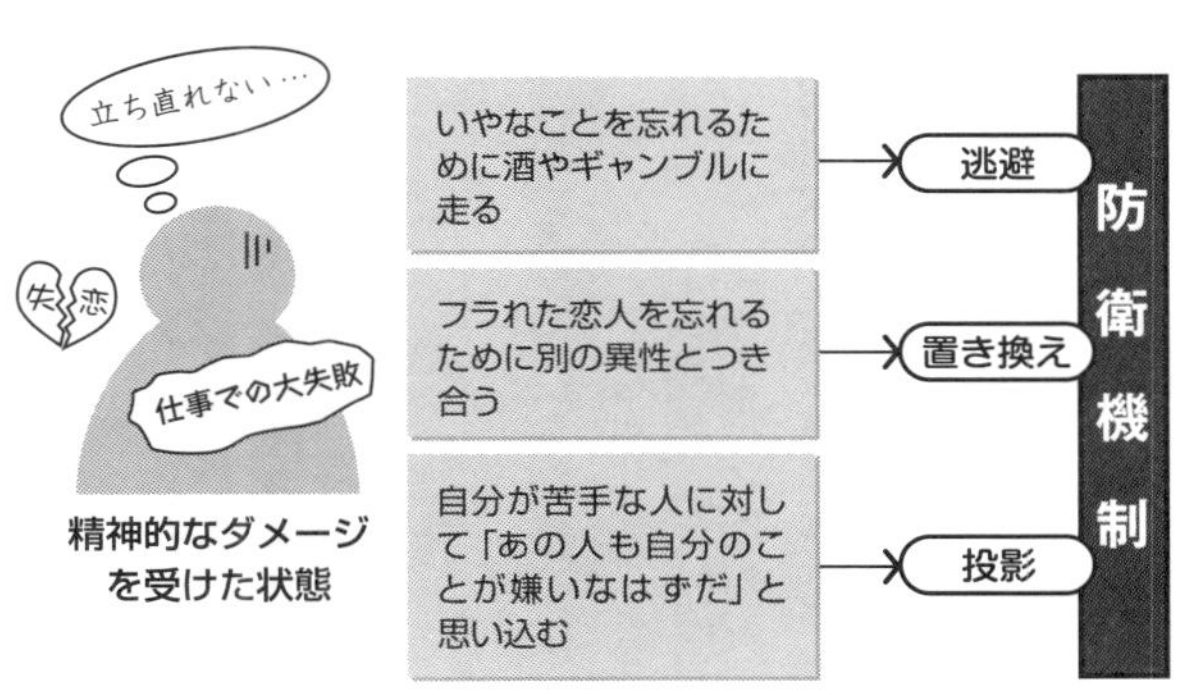

また、失恋のダメージを他の異性を好きになることで防御するのを「置き換え」という。

上司に言えない文句を部下に当たり散らす行為もこの典型だろう。

さらに、自分に不都合な感情を、同じく相手も自分に対して思っていると考える「投影」もある。「私が嫌いなあの人は私のことも嫌い」と思う人は、この心理が強い。

これらはいずれも心が壊れるのを無意識に回避する心理で、細かく分ければ10以上のパターンがある。

知っておけば、自身の心の動きを知る手がかりになるはずだ。

怒りの感情をコントロールする「向き合い＋整理」の法則

怒りのメカニズムを知っておこう

◆負の感情に支配されないために

物事がうまくいかない時、私たちは「怒り」の感情を持つものだが、この感情が生まれる背景には、こんな心の動きがある。

人間は物事に対して、ある程度の予測を立てる。そして、その期待が裏切られて不安を覚えると、そこに自己防衛が働く。その自己防衛こそが怒りの感情なのだ。

たとえば、相手が約束の時間に現れなかった場合だと、「もうすぐ来るはずだ」（期待）↓「忘れられたのかな」（不安）↓「何時間待たせるんだ！」（怒り）…となるわけである。

◆「怒り」が起こるメカニズム

人は「行動」と「結末」をある程度予測して生きているため、予測と異なる結末になりそうになると不安になり、怒りが起こる

〈怒りを鎮めるためには…〉

- 自分がなぜ怒っているのか、その原因を考える
- 第三者に話を聞いてもらう
- 怒っていることを考えないようにする

　だが、この怒りをストレートに相手にぶつければ、人間関係がこじれるのは必至だ。そこで、意図的に感情をコントロールして怒りを鎮める術が必要になってくる。

　それには、原因を客観的に見直したり、逆に考えないようにしたり、あるいは第三者に話を聞いてもらうなどの方法がある。

　怒りを外に出すか、内に秘めるかで性格の印象は大きく変わる。

　そこで、感情をコントロールすれば、少なくとも負の感情に支配されるようなことはないだろう。

2つの自己観

日本人が知らない日本人の「幸福感」の謎

「自分とは何か」という問いにどう答えるか

◆異なる2つの文化的自己観

外国人に接すると、人の考え方や行動パターンの違いを痛感することがある。そのヒントになりそうなのが、心理学者の北山忍とヘーゼル・マーカスの両氏が唱えた「文化的自己観」の違いだ。

文化的自己観とは、平たくいえば特定の地域やグループで培われた文化の中で生まれた「自分」に対する考え方のことで、これには大きく2タイプあるという。

1つは、欧米人に多くみられる「相互独立的自己観」で、「自分」はあくまでも独立した存在であり、他人や世の中の出来事とは区別するという考え方である。

◆「自分の定義」は文化圏によって異なる

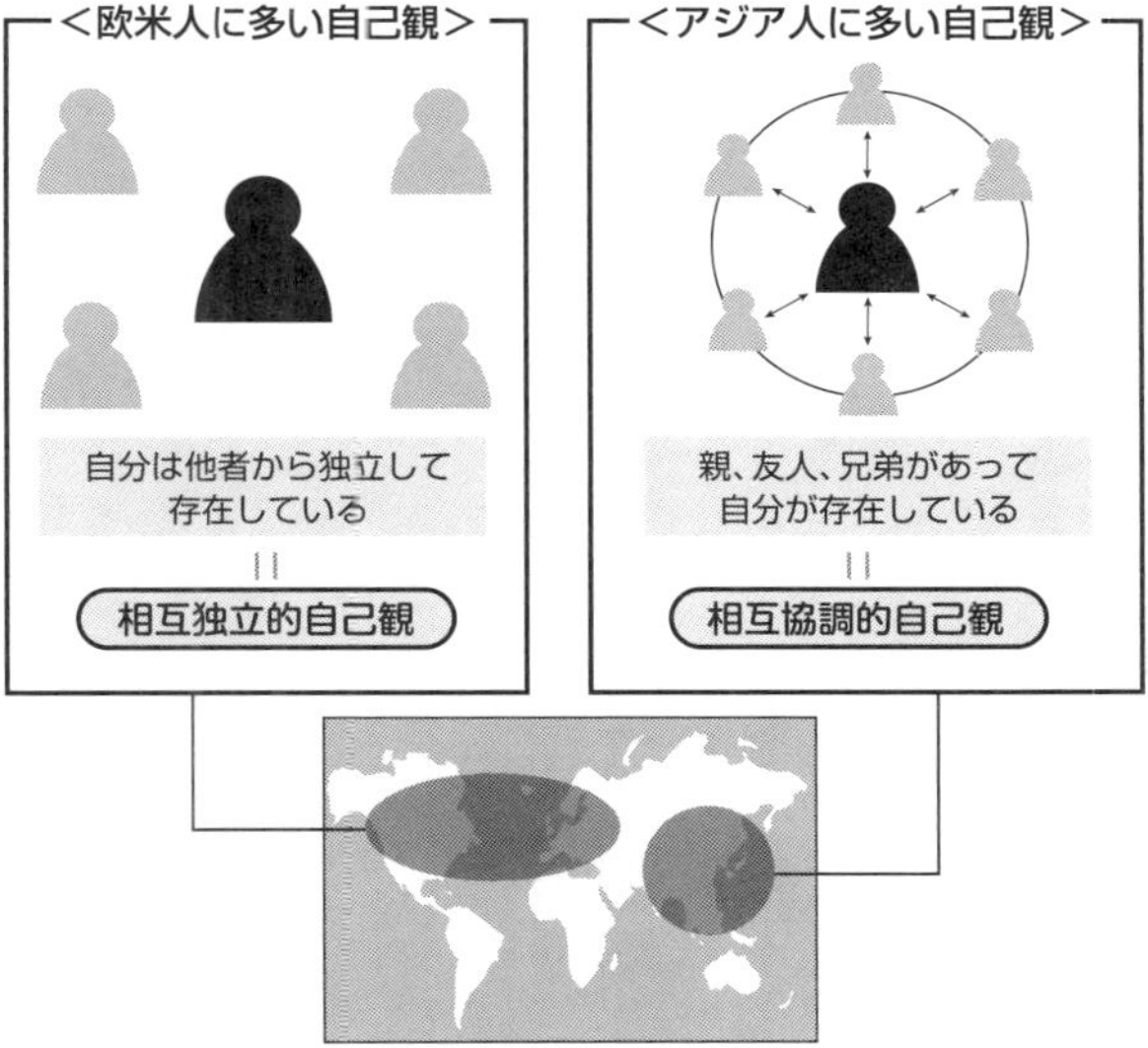

＜欧米人に多い自己観＞
自分は他者から独立して
存在している
＝
相互独立的自己観
＜アジア人に多い自己観＞
親、友人、兄弟があって
自分が存在している
＝
相互協調的自己観

幸せを感じるのはどんな時？
相互独立的自己観の強い人
他人から高く評価される
など、自尊心が
満たされた時
パチ
パチ
ブラボー
相互協調的自己観の強い人
他人と楽しい時間
を共有した時

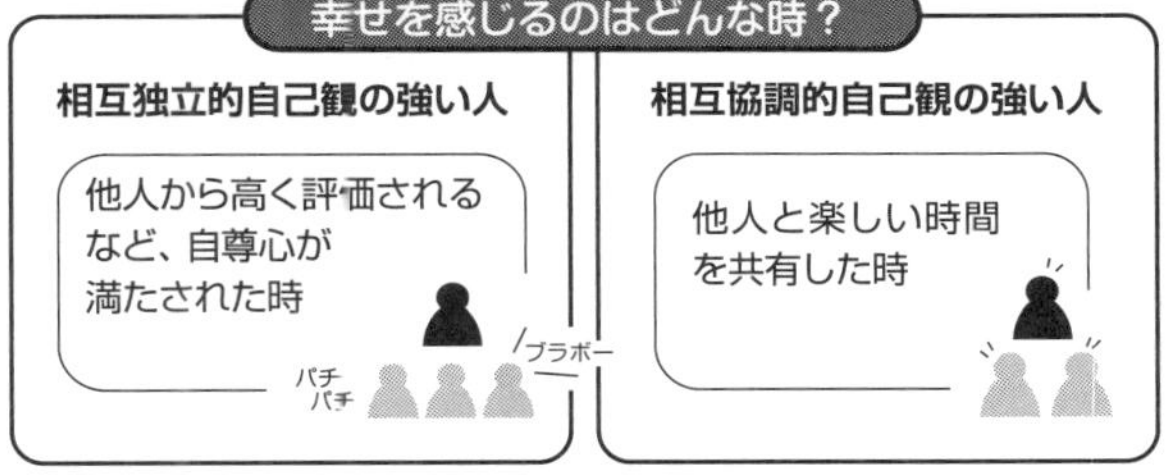

そして、もう1つがアジア人に多くみられる「相互協調的自己観」で、こちらは「自分」は他者や社会とのかかわりがあって存在していると考えるというものだ。

つまりこの両者は、自己に対する考え方が正反対であるともいえる。

◆それぞれの幸福とは

考え方の違いは、たとえば「あなたはどういう人ですか?」という質問に対する答えにも現れたりする。

相互独立的自己観を持つ人は、自分の属性は自分の内部にあると考えるため「私は頭がいい」「面倒見がいい」というように、自分の長所や特性を答える傾向がある。

一方、相互協調的自己観を持つ人は、周囲との関係性の中に属性を見つけるため、「A社の営業担当」「家族にはやさしい」などと答え、満足感を得るポイントも異なる。

前者は、成績や能力を社会や他人から評価されることに喜びを感じるのに対し、後者は他人と楽しく過ごすなど、仲間と調和することで幸福を感じるのである。

これは、どちらがいい悪いではなく、歴史や環境による考え方の違いなのだろう。

欲求の5段階

「こうなりたい」という10年後の自分を想像してみる

自分の成長を促す「欲求」を持ち続ける

◆段階的欲求で人は成長する

あれもこれもと欲をかいて生きるのは、どこか罪の意識を感じるものだが、心理学には、そうした欲求こそがじつは人間を成長させてくれるという考え方がある。

それが、心理学者マズローによる「欲求５段階説」だ。この説は、人間の欲求は５段階に分けられ、１つの階層の欲求がある程度満たされると、また次の欲求が生まれるという心理を説いており、図で示すとピラミッド構造になっているのが特徴だ。

第１段階から順に、生理的欲求、安全欲求、親和欲求、自尊欲求と続くが、この４段階までは基本的欲求で、もしもこれらが足りなければ満たされない欲求を意味するので欠乏欲求とも表現される。

そして、それらがすべて満たされると第5段階の「自己実現欲求」が出現する。これは自分の可能性を引き出し、さらに人間として成長したいという欲求で、基本的欲求とは異なる性格を持つために「成長欲求」に区分される。

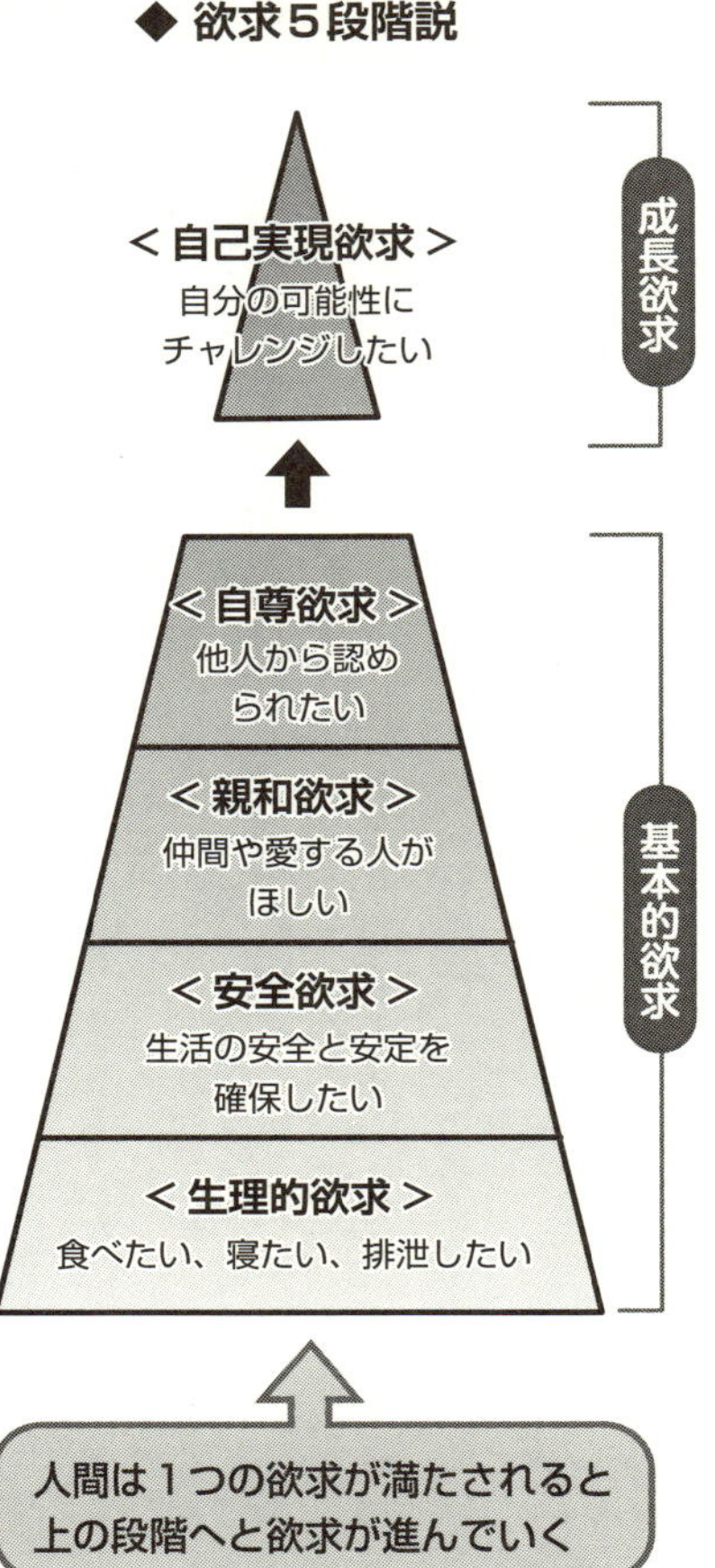

効力期待と結果期待

自分ならできるという確信が生まれる「自己効力感」とは？

「意欲」を保つには「期待」の持ち方にコツがいる

◆目標が高いと不安が大きくなる

何をやっても長続きしない三日坊主タイプはどこにでもいるが、そういう人が全員飽きっぽい性格なのかといえば、必ずしもそうとは限らない。新しいことに取り組む意欲はあるのに、目標の立て方を間違えているというケースもあるからだ。

たとえば、ダイエットのために毎朝１時間のジョギングを始めることにしたとする。仮にこれを続ければ、半年後には体重が10キログラム痩せる計算だとしても多くの人はやる前から挫折してしまうだろう。なぜなら、目標が高すぎて、やる気よりも不安が大きくなってしまうからだ。

◆ 自分はこの目標を達成できるという確信が持てる「自己効力感」

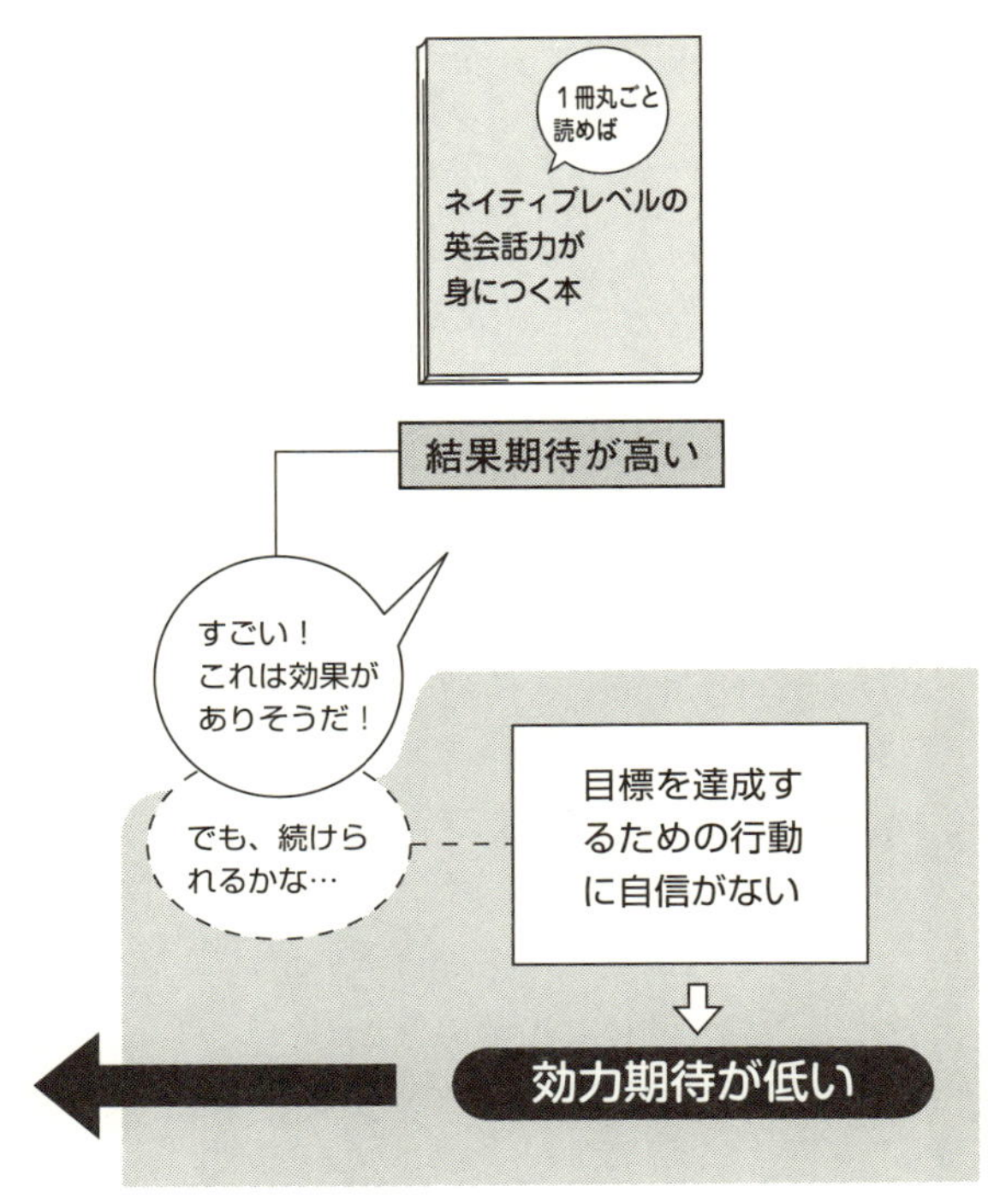

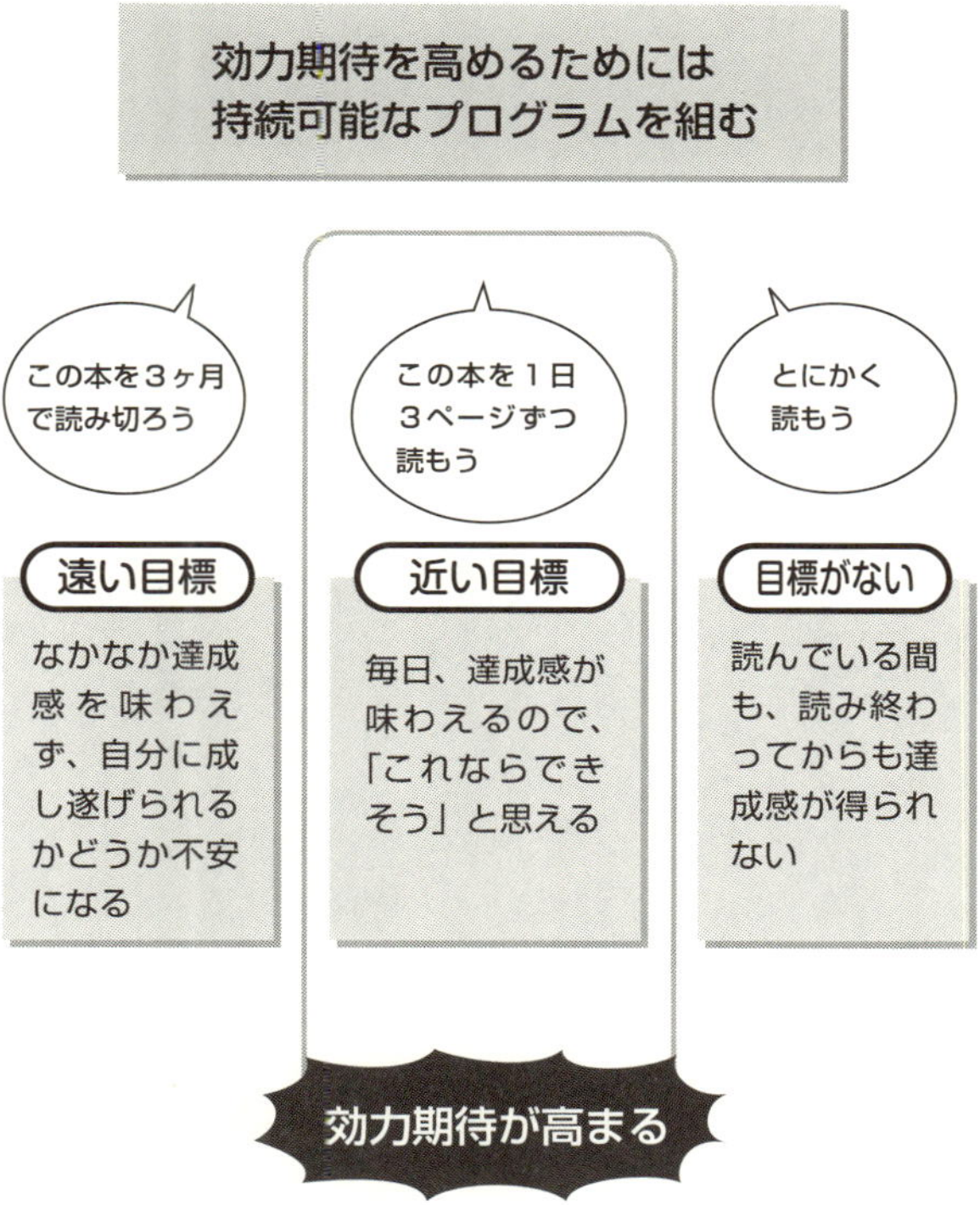

**効力期待を高めるためには
持続可能なプログラムを組む**

この本を３ヶ月で読み切ろう

遠い目標

なかなか達成感を味わえず、自分に成し遂げられるかどうか不安になる

この本を１日３ページずつ読もう

近い目標

毎日、達成感が味わえるので、「これならできそう」と思える

とにかく読もう

目標がない

読んでいる間も、読み終わってからも達成感が得られない

効力期待が高まる

何かを成就するには「私はこれを絶対やり遂げる」という自信が不可欠だ。心理学ではこれを「自己効力」と呼んでおり、この効果についてはカナダの心理学者バンデューラが「自己効力感理論」の中で唱えている。

◆現実味を帯びるのは「近い目標」

この理論では、意欲を保ち続けるには「効力期待」と「結果期待」の２つがそろわなければならないとしている。

効力期待は「このくらいならやれそうだ」という自身の見込みで、結果期待は「これを続ければ望みが叶うはずだ」という結果の見込みである。したがって目標が高すぎると効力期待が下がるし、逆に目標が低すぎると結果期待が下がってしまう。

先のジョギングの例でいえば、「週３回30分も走れば、３ヵ月で５キログラム痩せる」のように現実的な目標に改めれば、効力期待も結果期待も高まる。

何事も取り組む前に「自分ならできる」と考えるか「自分には無理」と考えるかでは、その後の行動が変わってくるのだ。

原因の見つけ方

いつも結果を出せる人は「原因」の考え方が一味違う

頑張ってもうまくいかない時は考え方を変えてみる

◆成果を出す人の思考とは

どんなに頑張っても物事がうまくいかない時は、「何が悪いのだろう？」と自分なりに原因を探るものだが、この考えはその後の行動や結果にも大きな違いをもたらす。これが「原因帰属理論」である。

たとえば「うまくいかないのは自分に能力がないせいかもしれない」という考え方をすると、気持ちは自然と落ち込み「どうせこのまま続けていても無駄だ」という勝手な思い込みへと発展する。この悪循環ではいい結果は期待できないのは明らかだ。

◆ 結果を出す人、出せない人の「原因」の考え方の違い

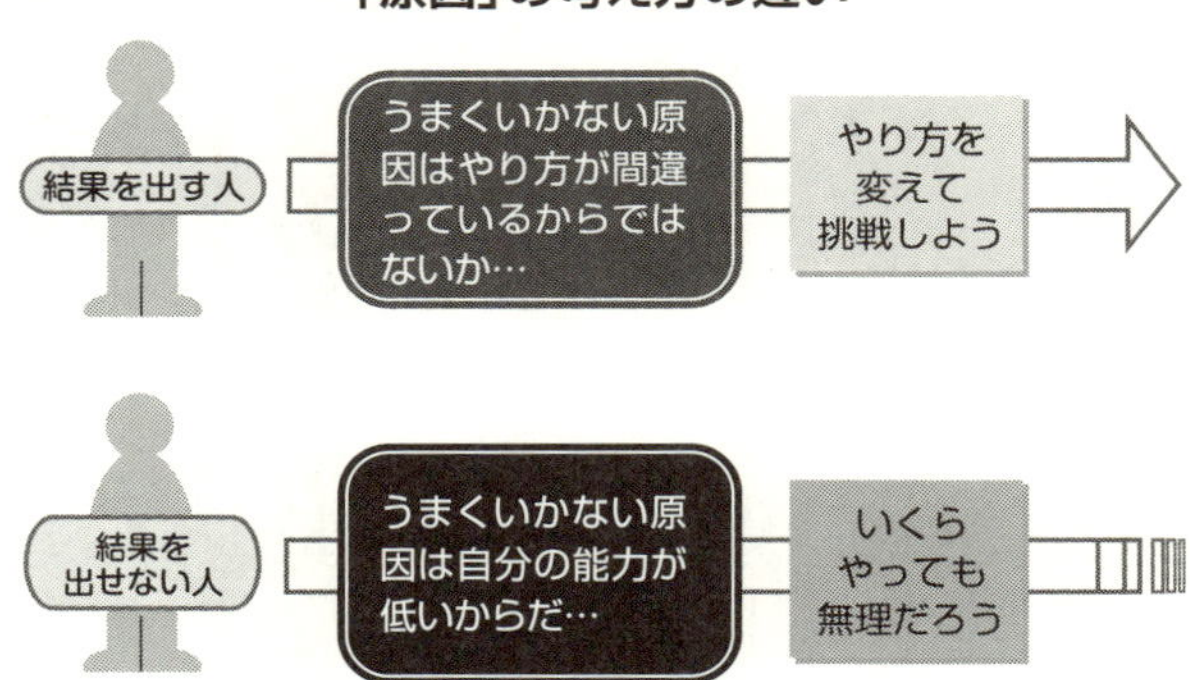

ところが、「うまくいかないのは方法が間違っているからかもしれない」と考えれば、話は変わってくる。

やり方を試行錯誤することで気分は前向きになり、意欲もみなぎってくる。こうなると、いい結果を招く確率もぐんと上がるのだ。

もちろん、この原因帰属は自分のことやうまくいかなかった時だけでなく、他人の行動や身の回りの出来事にも当てはまる。

ただ、原因を考えるうえでの思考の違いが、その後の行動に違いをもたらすという点では共通しているといえるだろう。

ＡＢＣ理論

物事の見方をガラリと変える「ＡＢＣ理論」の秘密

思考のプロセスを点検してみる

◆同じ出来事でも結果が違う理由

仮にデートをすっぽかされたとする。だが、同じ目に遭っても怒る人、許す人、平然としている人とさまざまだ。

こういう時、怒りを感じるのは「デートをすっぽかされたから」だと我々は考えがちだ。だが、じつはそうではなく、「デートをすっぽかされた＝出来事（Ａ）」と「怒る＝結果（Ｃ）」の間には「信念や考え方＝（Ｂ）」が存在すると説いたのが「ＡＢＣ理論」である。

Ｂにはもちろん個人差が出る。デートをすっぽかされたことで、Ｂが「自尊心を傷つけられた」となる人は、Cは「怒り」になるが、Bで「相手にも事情があったのだろう」などと考える寛容な人は、Cの結果は「許す」となる。つまり、受け止め方の違いによって感じ方は異なってくるのだ。

人生でもビジネスでも、ピンチをチャンスに変えられる人は、Bの思考が凝り固まっていない柔軟な人である。

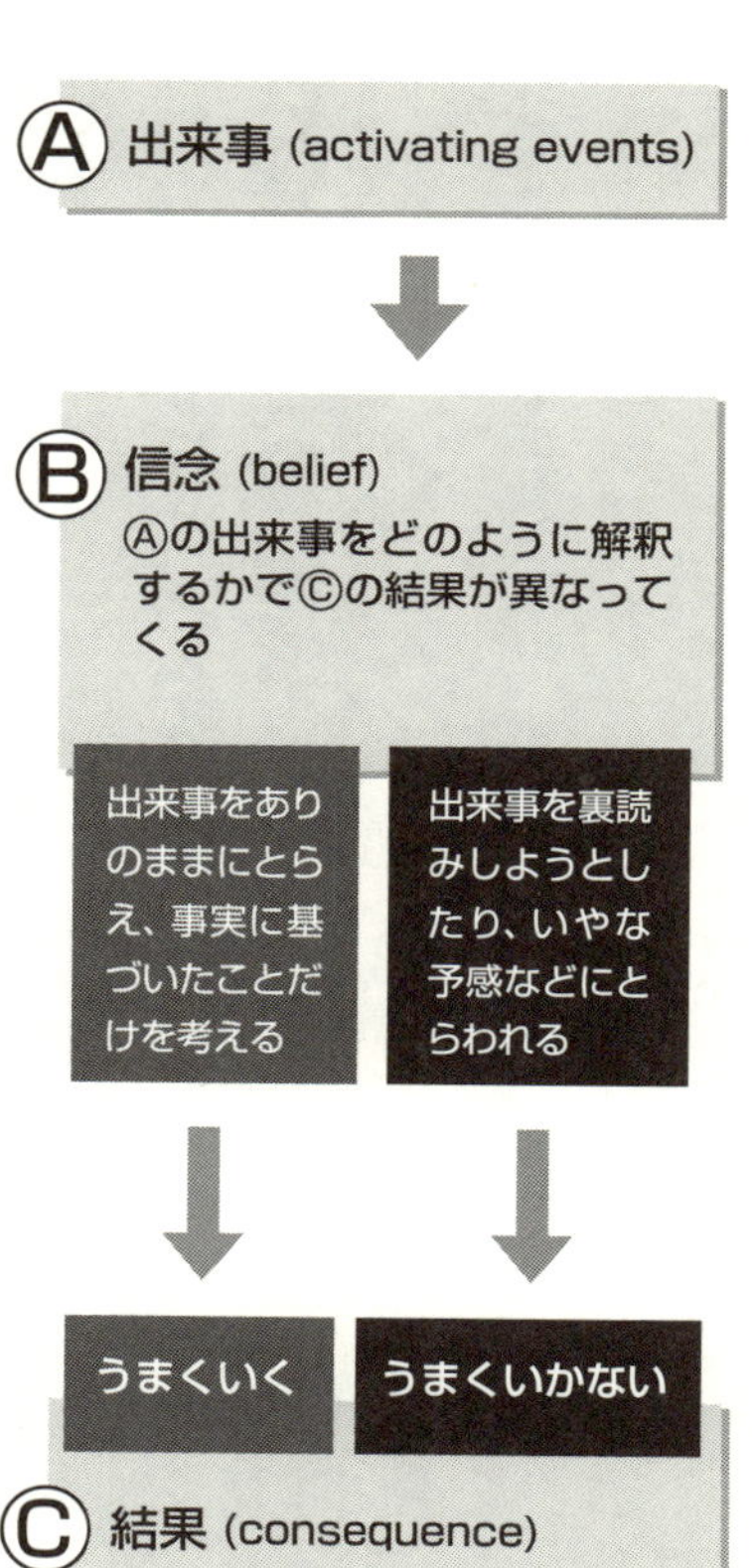

計画的行動理論

「言うこと」と「やること」が一致しない人の共通点

何が人の行動に影響するのか

◆心理学における「態度」とは

マーケティングの世界などではよくいわれることだが、消費者がモノを買うまでのプロセスには「認知」「感情」「行動」がある。

心理学においては行動に至るまでのこの一連の要素を「態度」と呼ぶのだが、たとえば、新発売のお菓子があったとすれば、「新しい商品が出た」という認知があり、次に「おいしそうだな、食べてみたいな」という感情が起こり、最後に「よし、買おう」となって行動につながる。これが新商品に対する「態度」だ。

しかも、これは消費行動だけに限らず「食べる」「歩く」といった人間の行動すべてに当てはまる。そうなると、人間の行動はおおむね態度によって決まるといえそうだが、時には態度と行動が一致しないケースもある。

◆主観的規範がもたらすもの

太るとわかっているのに夜食のラーメンがやめられない…。

このような行動と態度のアンマッチを説明しているのが、フィッシュバインとエイゼンが提唱した「計画的行動理論」だ。これによれば、行動を決めるのは態度よりも意図で、そこには他者の態度が大きく影響する。これを「主観的規範」と呼ぶ。

「深夜のラーメンは体によくない」ということは本人はわかっている。そこへ親しい人が「体によくないからやめたほうがいい」と助言したとしよう。こうなると食べないという意志が固まり、「よし、やめよう」と実際の行動が促される。

この時、心の中では「親しい人の期待に応えたい」という心理が働くのである。

つまり、自分がしようとしている行動が周囲からも求められていると感じると、人の言動は一致しやすいというわけだ。

◆ 態度と行動を一致させるためにはどうすればいいか

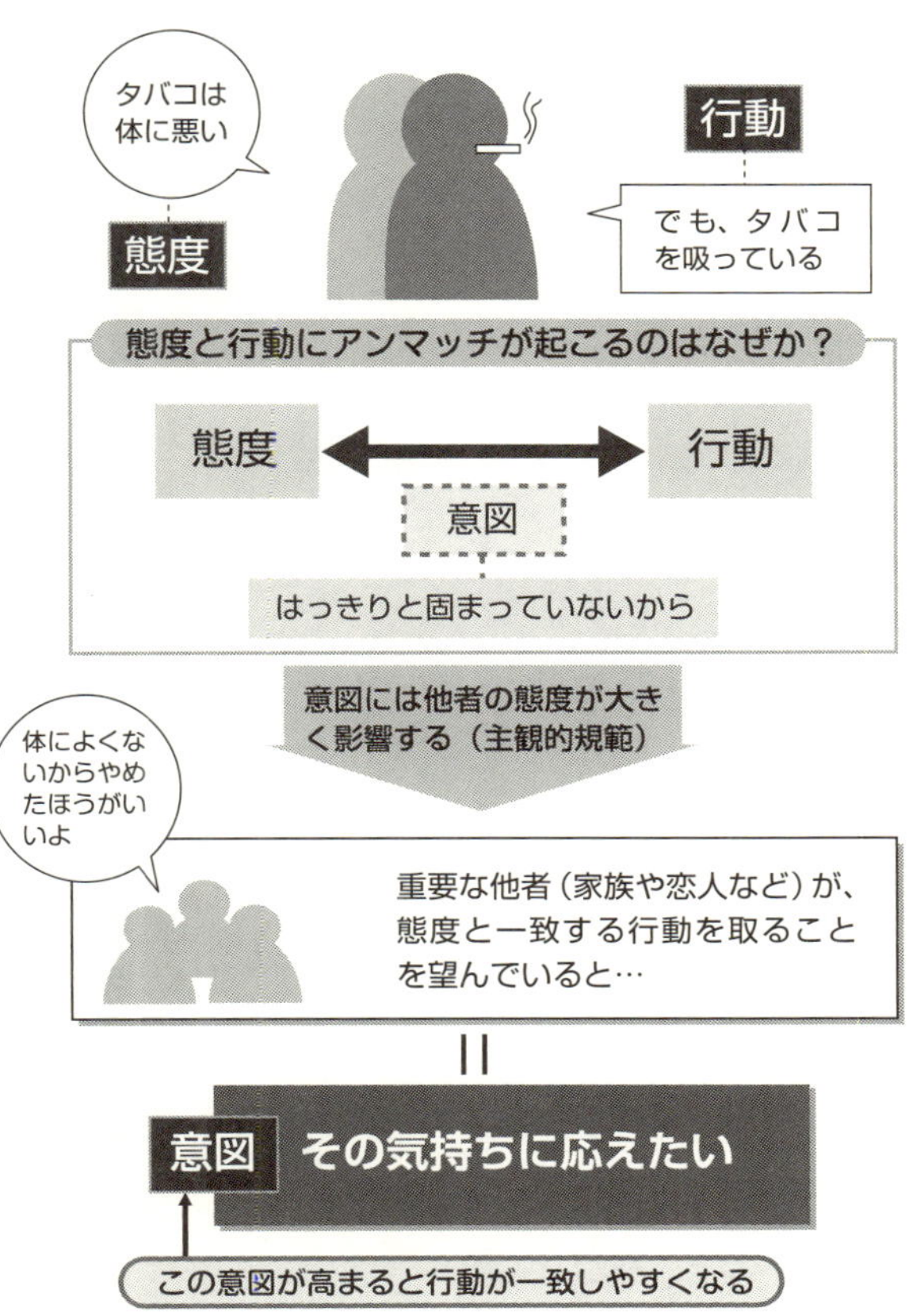

深みにはまる前にストップできる「勇気」の持ち方

あきらめられない心理が事態を深みへと追い込む

◆取り返せない過去へのこだわり

クルマやパソコンなどがいい例だが、それなりにお金をかけたものが途中で故障すると修理をするべきか、いっそのこと買い換えてしまおうかと迷うものである。

こういう場合は、初期の投下費用や部品交換代など、すでに支払ったお金を無駄にしたくないばかりに、過去の出費にこだわってしまいがちだ。これを心理学では「サンクコスト効果」と呼んでいる。

サンクコストとは経済学で「埋没原価」を表す言葉で、すでに支払い済みで取り返すことのできないお金や労力のことだ。

◆ サンクコスト効果が表れる時

これまでに
20億円を
投資

これ以上続けても
よくなる見込みは
ないが、今までの
投資額を考えると
撤退できない…

サンクコスト
効果

かけたコストが
多く、持ってい
た期間が長い
ほど手離せなく
なってしまう

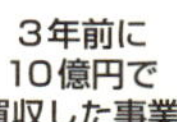

これまでに
5億円を
投資

これ以上続けると
他の事業にも悪影
響をおよぼすから
撤退しよう!!

たとえば、これ以上継続してもうまくいかないとわかっている投資や事業でも、それまでにかけたコストを考えると撤退できないことがあるが、こんな心理は、何も経済に限らず日常にもあふれている。

お互いに得るものがないとわかっているのにズルズルとつき合うような恋愛関係にも、同じ心理が働いているかもしれないのだ。

自分自分が深みにはまりそうだと気づいたら、サンクコスト効果を疑えば別れる決心がつくかもしれない。

結論を出さないほうがうまくいく「先送りの理論」とは?

見通しを甘くして「できない」という思考を引っ込める

◆遠い未来には現実味がなくなる

「結論を先送りにする」という表現は、何かとネガティブにとらえがちだが、じつはあながちそうともいえないという考えが心理学の世界にはある。

たとえば、現在年収500万円のあなたの目標が「年収1000万円」だとしよう。

仮に、その達成の期限を1年後と設定してみよう。この目標は現実的に考えて無理だと判断してあきらめてしまうが、これを10年後に変更したらはたしてどうだろうか。

◆ 先送りをするとどうなるか

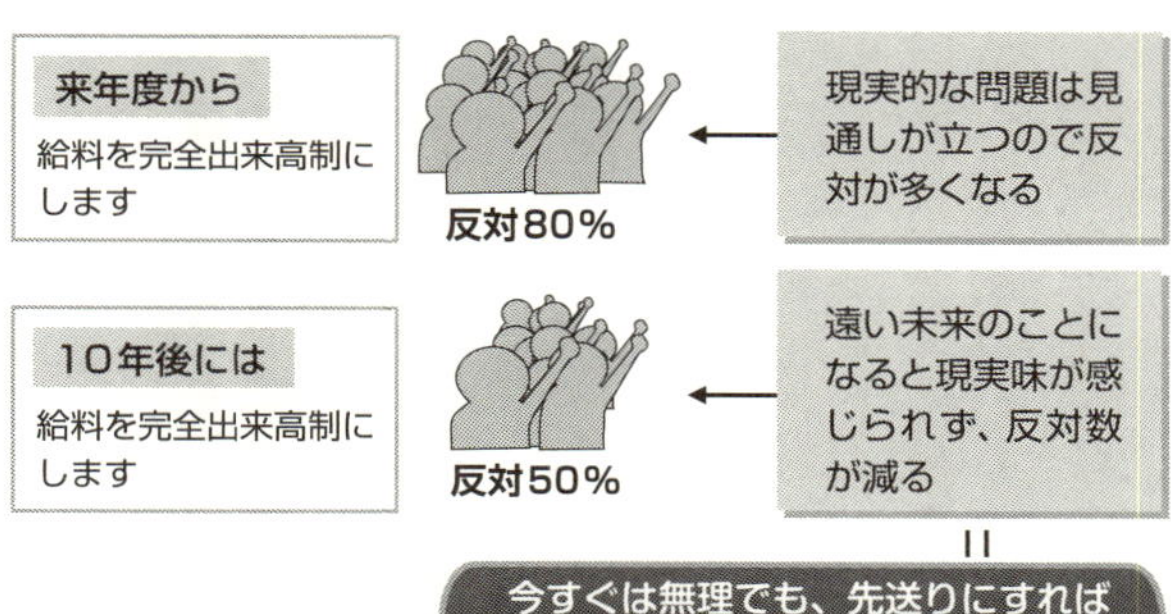

そこであなたは、「10年後という遠い未来であれば、その頃には達成できているかもしれない」と考えるだろう。

そして、ある程度見通しが立ったところで、キャリアアップに関するあらゆる選択肢や可能性を考えられるようになるのだ。

つまり、人間は近い将来のことには現実的になり、合理的な判断をして選択肢を減らしてしまうが、結論を先送りにすることでそれを防ぐことができるのである。

これを逆手にとれば、相手を説得したり反対派を減らすといったことにも応用できるので覚えておくといいだろう。

ヒューリスティックス

できる大人が実践する2つの問題解決法

問題解決には、機械的・直感的の2つの解決法がある

◆アルゴリズムとヒューリスティックス

人生は選択の連続などともよくいわれるが、たしかにその通りかもしれない。私たちは仕事や結婚といった人生のイベントはもちろん、何を食べるか、何を読むかといった日常レベルのことを一つひとつ答えを出しながら生きている。

じつは、この答えの出し方は2通りある。1つは「アルゴリズム」と呼ばれるもので、選択肢や解決策を1つずつ検証し結論を導き出す解決法だ。

もう1つは「ヒューリスティックス」と呼ばれる解決法で、こちらは自らの経験則や世間の常識などを頼りに、短時間でサッと答えを出すというものである。

◆ 人はヒューリスティックスで物事を決定している

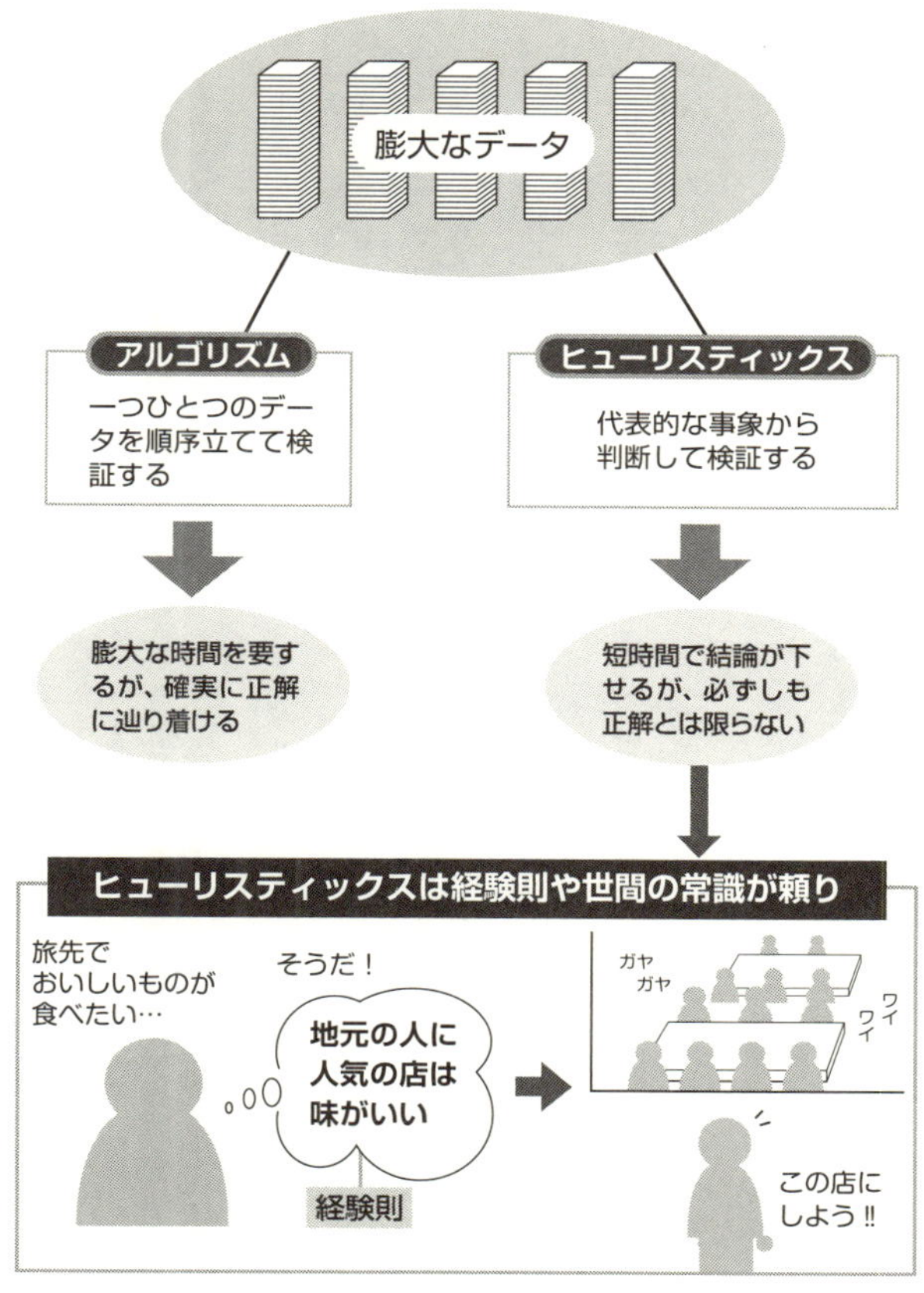

アルゴリズムはコンピューター用語としても存在するように、どちらかといえば機械的な思考だが、ヒューリスティックスはそれに反して直感的な思考である。だからというわけではないが、人間が問題を解決する時は本来、ヒューリスティックスに頼ることが圧倒的に多いのだ。

◆効率よく正解に辿り着くには

アルゴリズムは確実に正解を出せる反面、手間と時間がかかる。一方のヒューリスティックスは、時には間違いを犯すリスクはあるものの、効率よく答えを導き出せる。

「おいしいものが食べたい」と思った時に「行列ができる」「地元客が多い」「予約が取りづらい」などの有名な店の特徴を基にして自分の経験則に頼って店を選ぶというような例はその典型だろう。

ただし、この簡便な解決法は手がかりが少ないため、風評被害や先入観に惑わされやすいというリスクもある。そのことは頭の隅に入れておくべきだろう。

第6章

相手の心に印象づけて、上手に「アピール」する技術

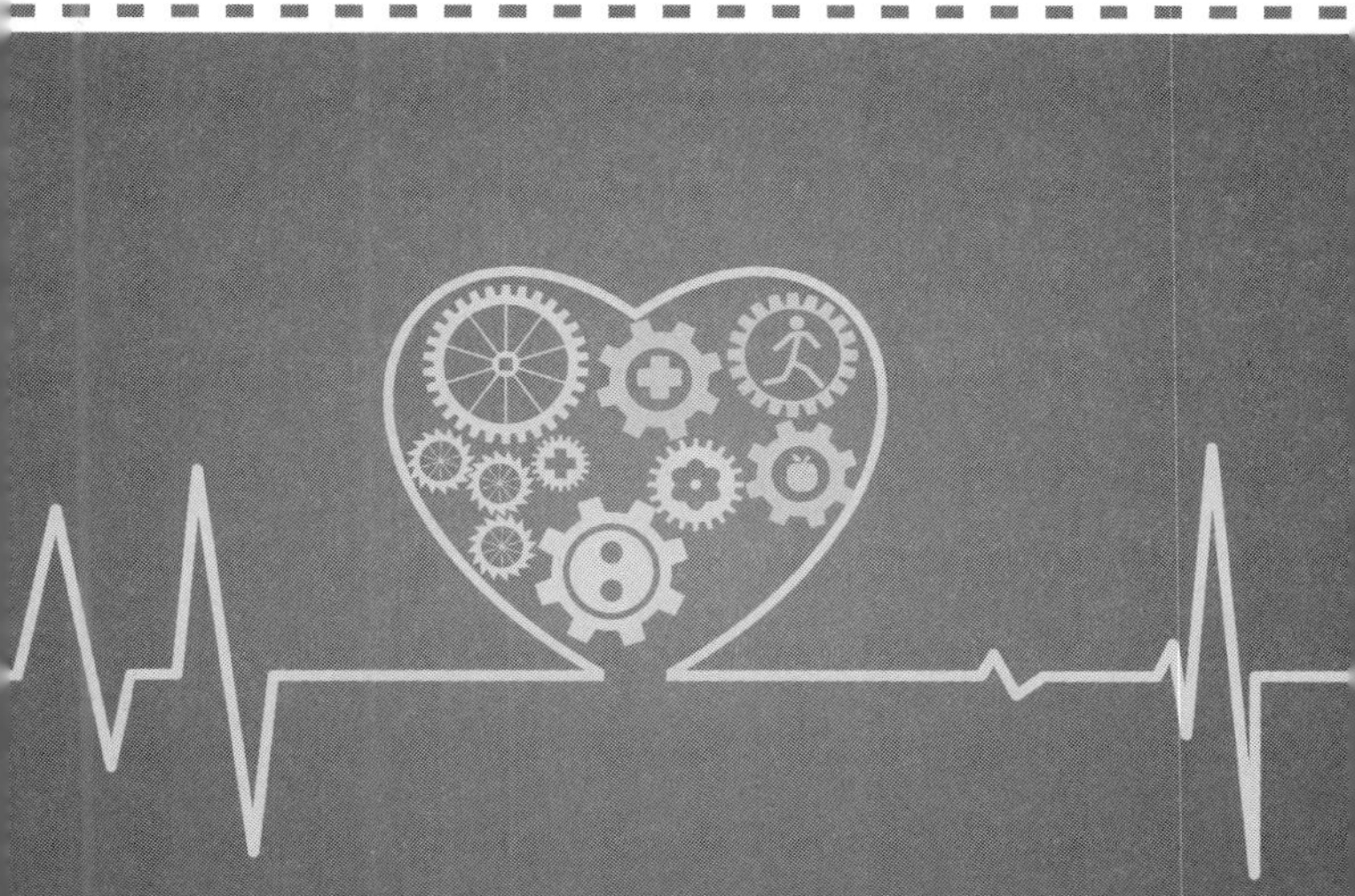

自分の印象は一瞬でいいほうに操作できる！

面接や合コン、お見合いの席などで自分の長所と短所を尋ねられることがある。「大らか」とか「短気」、「几帳面」、「責任感が強い」などと自分なりに評価をしていると思うが、しかし、よく考えてみると長所も短所もじつは本質は同じで、表現の違いだけという気はしてこないだろうか。

「大らか」といえば聞こえはいいが、その本質は「ずぼら」にも近い。また、「短気」といえばたしかに短所に聞こえるが、その本質は「てきぱきしている」のかもしれない。

つまり、長所と短所は常に表裏が一体なのだ。世渡り上手に見える人は、このトリックで自分の印象を操作している人もいる。発想を転換すれば、短所は自分の武器に化けるのである。

選択肢がたくさんあって迷った時のベストな考え方

嫌なことばかりが連続して起こると、過去の自分を振り返り「もしも別の道に進んでいたら…」など、今さら悩んでもしたたのないことばかりを思い浮かべてしまうものだ。

進学や就職、結婚など人生の岐路に立った時、何を選択するのがベストなのか誰しも悩むところだろう。しかし、人生の選択には残念ながら「正解」はない。

では、どちらかひとつの道を選ばなくてはならない時にどうすればいいのかというと、それはただひとつ、「覚悟」を決めることだ。

どのような選択方法であっても「これ」と決めたら覚悟を決めて、その道を邁進する。覚悟したのだからと思えば、思うようにいかない状況にも納得できるはずだ。

「緊張」を遠ざけるのに最も効果的な「開き直り」

人の前でのプレゼンや結婚式のスピーチなどは、「あがらないように」と思えば思うほど、緊張は高まってくる。案の定、いざ本番ではしどろもどろ…という経験がある人もいるだろう。

じつは、たいていの人は「～しないように」と念じれば念じるほど、かえって反対の結果を招いてしまうものなのだ。これを心理学では「努力逆転の法則」という。

これを打ち破るには、まず「誰でも緊張して当たり前」と開き直ることである。さらに、あがらないためにも準備はできる限り念入りにしておくことだ。

話す内容をあらかじめまとめておくのはもちろん、プレゼンなら質疑応答を想定するのもいい。あとはイメージ・トレーニングを積み重ねれば、本番の成功率は格段に高くなる。

他人の目が気になりすぎる時ほど他人は注目していない

「自分は他人からどう見られているか」を意識することも多少は必要なことだが、その自意識も過剰になるとタチが悪い。

ナルシストの自意識過剰は本人が自分自身に満足しているから問題はないが、深刻なのは何かのコンプレックスを抱いている人が、そのことから自意識過剰になっている場合である。

たとえば、女性で背が高いことを気にしている人の場合、ハイヒールを履けなかったり、それを気にし過ぎるあまり猫背になってしまったりするような例だ。

しかし、本人が意識するほど周囲は見てはいないし、気にもかけていない。「他人はそれほど自分に注目していない」と開き直れば、肩の力が抜けて楽になるだろう。

苦手意識を減らす心の持ちようとは何か?

言うべき時に自分の意見をはっきりと言えなければ損をするのは自分だが、人の前で話すのがとにかく苦手だという人はいる。そんな苦手意識を払拭するには、なぜ自分が人の前で話すことに消極的になるのかを冷静に分析する必要がある。

まず、大勢の人の前に出ると緊張するという引っ込み思案タイプの人に有効なのは、身近な人と話をする機会を多く持つことだ。複数で話すことに慣れると苦手意識がどんどん減ってくる。

また、自分の意見に自信がなくて発言できないというタイプの場合は、心の持ちようが重要だ。とるに足らない意見のように思えても、自分の言葉で発言することが大きな意味を持つことを覚えておこう。

面白みのない人にならないための思考パターンとは？

交渉事が得意な人はユーモアのセンスも抜群だったりするが、その才能がないからといってあきらめることはない。ちょっとした視点の切り替えで、センスを磨くことは可能だ。

まず、第一に排除したほうがいい思考パターンがある。それは「ステレオタイプ」思考だ。

ステレオタイプ思考というのは、常識的ではあるが、型にはまった先入観や思い込みがあるためにどうしても面白みに欠けてしまう。

当たり前のことにとらわれて、そこにユーモアの入り込む余地がなくなってしまうのだ。

常識とは反対のこと、誰もが抱くであろう先入観とは違った角度からの発想、それこそがユーモアの種になる。

物事を正面から見るだけでなく、縦、横、斜め、もしくは裏から見るクセをつけていこう。

自分の中にマイナス思考を植えつけているのは〝自分〟だった！

ある心理学の実験で、被験グループ内の一部の人に「しわ、白髪、老ける」などの言葉を含んだフレーズを使わせて、「老いている」という概念を刷り込んだ。

その後、実験が終わったと言われた人たちは、部屋を出てエレベーターに向かうのだが、それぞれの移動時間を計ってみると、「老いている」という概念を刷り込まれた人たちは、そうでない人たちと比べると歩幅が狭く、移動にずっと時間がかかったという。

何が言いたいかというと、ステレオタイプな固定概念は知らず知らずのうちに自分の中に植えつけられ判断や行動、時には肉体にさえもマイナスを及ぼすのだ。

自分の可能性を狭めているのが自分自身のステレオタイプ思考だとしたら、もったいない話なのである。

落ち込みのモトを探れば「ダメ人間」をサヨナラできる

他人と比べて「自分はダメだ」と落ち込むと、自分の人格を丸ごと否定しまうことになりかねない。実際は、できなかったことはひとつだけなのに、すべてのことが人よりも劣っているように思えてしまい、自分はダメな人間なのだと勝手に結論づけてしまうのだ。

だが、自分をダメだと思う裏側には「一番になりたい」「もっと上にいきたい」という強い向上心が隠れているといえるだろう。この心理をうまく利用すれば、否定的な自分から抜け出すことができる。

たとえば「一番でありたい」といった過度な期待を少し修正して、「今より一歩上がりたい」という目標を掲げる。低いハードルをひとつずつクリアして自信につなげたいものである。

いい人ぶらなくても楽に生きられる印象の修正法

いい人と思われたいがために、つい「いい顔」をしてしまうことがある。だが、本当はそんな人間ではないのに、最初のうちにいい顔をしてしまうと、本性を出したら嫌われると思い、我慢をしてそれを続けることになる。

もしも、はじめにいい顔をしてしまったなら、対処法は「本音を小出し」にすることがベストだ。

相手の期待に応えてばかりいないで、本当に無理な時は「今さらそう言われても
それはちょっと…」とか「今日はできそうにないのですが…」と、自分の限界をわ
かってもらえるように促すのだ。自分の印象を少しずつ修正し、それで嫌われるの
ならしかたないと割り切ればいい。

面の皮を厚くしたいなら「子供」に戻ってみる

話下手で自分の思っていることを上手く表現できないと悩んでいる人には、「幼児化」がおすすめだ。とはいえ、赤ちゃん言葉を使えといっているのではない。幼児のように素直に感情を出そうという意味である。

話がぎこちなくなってしまうのは、筋道を立ててちゃんと話そうとするからであ

る。年齢や立場にふさわしく、失礼のないようにと思っているから何も言えなくなるのだ。

恥をかくことを恐れていては、表現はうまくならない。たとえば、家電量販店で「安くなりませんか」と言うなど、少々ストレートな物言いを増やしてみるといい。嫌でも面の皮が厚くなり、言いたいことをそのまま口に出して言える人間になれる。

相手によって態度を変えるのは不安な気持ちの表れ

相手によって極端に態度を変える人はどこにでもいるものだが、その理由はなぜか。それは、単に自信がないからだろう。その不安な心を埋めるために、自分より力のある相手には取り入って、自分に足りないものを得ようとしているのだ。

そこで、もし自分がそのタイプだと思ったら、時には客観的に自分を見つめ直してみることをおすすめする。

たとえば、録音した自分の声を聞いたり、自分の姿を撮影した映像を見たりすることもその方法のひとつだ。すると、自分では気がつかないクセや態度に気づいたりして、日頃の自分を振り返るいいきっかけになるのである。

嫉妬心をよく分析すれば自分が渇望しているものが見えてくる!

嫉妬というと、どちらかといえばネガティブな響きに聞こえるが、じつはこの嫉妬心は使い方ひとつで毒にも薬にもなる。

嫉妬したり、うらやましかったりする相手とは、あなたが欲しいと思っているものをすでに手にしている人物ではないだろうか。それは相手の名声や経済力、あるいは仕事のスキルや理想的な恋人などかもしれない。

つまり、嫉妬心によって自分が本当に欲しているものや、さらにいうなら人生における目的が照らし出されるのである。

こうして自分の目的を見つけることができれば、あとはその目的を達成するためにどうすればいいかを考えて進めばいいのだ。

自分の不完全さを許せば状況は好転する

完璧主義者というのは自分に厳しいものだが、完璧を求める人ほど机の上は散らかっているといわれる。

なぜなら、中途半端にしか片づけられないのならば「散らかったままでいい」という考えが働いてしまうかららしい。

だからというわけではないが、自分にも周囲にも完璧さを求めてしまう人は、いつも完璧な自分を見せつけて満足するよりも、周囲に多少のスキや弱点を見せる演出をするといい。

そうすると「あの人にもウイークポイントがあるんだ」と周囲に思わせておくことで、ちょっとした失敗で評価を下げることもない。

また、そうした失敗談を話すと初対面の人にも親しみやすい印象を与えることができる。

しかも、これなら自分のプライドも傷つかないですむ。時には、自分の〝不完璧さ〟も許してあげるようにしたいものである。

言い訳を封印すれば弱さが克服できる！

締め切りが迫らないとなかなか仕事にとりかかれない。そればかりか「自分は追い詰められてからのほうが実力を発揮できる！」と吹聴している――。

自分もこのタイプかもしれないと思った人に、ひとつ忠告しておきたいことがある。こうしたセリフは、裏を返すと単に自分に自信がないことを言いふらしているだけだ。

たとえば、仮に１００パーセントの仕上がりにならなかったとしても、「なかなか手をつけられずに時間がなかった」と言い訳が立つ。自信がない人ほど、気がつかないうちにこんな算段をしているのである。仕事を始めるタイミングを前倒すなどして、自分の弱さを克服するメンタルトレーニングをしよう。

反対意見が飛び出したら「ポジティブな言葉」で応戦する

会議中、自分の意見に反対意見をぶつけられたらいい気分はしないものだ。だが、そんな時は「ご意見ありがとうございます。それについては～と考えます」と切り返してみよう。

大切なのは、まず相手の反対意見を受け取めたというサインを出すことだ。「ありがとう」というポジティブな言葉で返すことで、反対意見を受け止める懐の深さや視野の広さをアピールすることができるし、反対意見を言った相手にも好印象を与えることができる。

もしも、ひるんでしまい「そうですね…」などと相手に合わせた受け答えをしたら、説得力はまったくなくなってしまう。

反対意見を受け止めたうえで、「それでも自分はこう思う」となれば、主張にさらなる説得力が生まれるはずだ。

コンプレックスを持つことにはメリットがあると知る

「優柔不断で何を決めるにも人より時間がかかってしまう」「いつも思っていることの半分くらいしか話せない」――

こうした誰もが持っているようなコンプレックスの多くは、周囲からの期待に応えられないジレンマが原因だったり、自分が思い描く理想の自分像と現実の自分との間にギャップがありすぎることで生じてしまうものだ。

だが、コンプレックスを感じるということは、それだけ自分の短所を把握できている証拠でもある。

人は自分の短所からは目をそらしがちだが、「自分は逃げることなく、短所と立ち向かうことができている」とわかれば自信を持つことができるし、コンプレックスはたちまちプラスの方向に転じる。あとはその短所をどう修正していくかを考えて行動するだけだ。

どんな人にも「内気な部分」と「外向的な部分」がある

世の中には外向的な人間と内向的な人間がいるが、内向的なタイプには「暗い」、「引っ込み思案」などのマイナスイメージがつきまとうことが多い。そのため内気を自覚している人間からすると、外向的な性格のほうが何事につけても得をするように感じてしまうものだが、けっしてそんなことはない。「自分は内向的だから…」という人でも、得意分野なら臆することなく行動しているはずだ。

そもそも人間の中には内向的、外向的の両方が存在しており、ふだんはどちらかが前面に強く出ているだけである。場面に応じて内向性と外向性を上手に使い分けられるようになれば、もっと生き生きと活躍できるだろう。

自分をちょっと上から眺めて自分の心をセルフコントロールする

どう見ても勝ち目のない勝負に挑んでいく人というのは、1パーセントでも勝つ可能性があるかもしれないと思ってチャレンジするものだが、じつは「メタ認知」

を身につければ、このわずかな希望を実現することが可能になる。

メタ認知とは、自分の思考や心理を客観的に見つめることだ。自分の弱点を知り、実現のためには何が必要かを冷静に分析することで成功への道を開くのである。

何度も無謀な挑戦を繰り返して失敗を重ねるのは、このメタ認知ができていないせいで、感情をうまくコントロールできないからだ。

自分の感情のクセを知ることで、単なる無鉄砲からメタ認知を備えた計画的な無鉄砲へと近づいていくはずである。

強がって素直になれない自分を徹底的に分析する

会社の同僚に仕事のアドバイスを受けたとする。心の中では「確かにそのとおりだ…」と思い当たるフシがあるのに、なぜか強がってしまい素直に受け入れることができない。

そんな人はまず、「どうして素直な態度がとれないのか」と自分の心理を分析してみるといい。

自分のプライドが高いからか、もともと気に食わない相手からの忠告だったからなのか。

そして、同時に相手の心理も推測してみると、「自分の心理」と「相手の心理」を客観的に考えたことで、アドバイスを素直に聞けなかった理由が見えてくるのである。

もちろん、納得がいかないことまで相手に合わせる必要はない。ただ、頑なに自分の意見に固執するのではなく、聞く耳を持てれば視野は格段に広がる。得をするのは自分なのだ。

「生理的に嫌いな相手」から隠された自分を知る

理由はとくにないのに「生理的に嫌い」という人に出会うことがある。

だが、たいていの場合、その理由は自分の中にあるものだ。他人の言動で目につく部分は、じつは自分も持っている嫌な部分であることが多いからである。

しかも、その相手を見ることで、自分が直視したくない〝共通部分〟をいやでも目にしてしまう。だから、理由を考えることもなく瞬間的にその人を拒否したくなるのだ。

もしも生理的に嫌いな人と出会ったら、距離を置くのではなく、自分の弱点を見つめ直す絶好のチャンスであることを強く意識してみよう。

相手のどこが嫌いなのかを冷静に洗い出してみると、これまで避けてきた自分の短所が嫌でも明らかになるはずだ。

「動いている自分」を客観的に見れば〝自分磨き〟ができる

自分が写った動画を見て、「私ってこんなにスタイルが悪いのか…」と落ち込んでしまう女性は少なくない。これは、ふだんから自分の外見に対して思い描いているイメージと、実際の映像や写真の中の自分にギャップを感じているからである。

このように自分を他者の視点から客観的に見ることを心理学では「客観的自己注視」というが、この自己注視は〝自分磨き〟に活かすことも可能だ。

「恋すると女性は美しくなる」というが、どう見られているのかを気にすると、少しでも自分をよく見せようという意識が働く。その結果、どんどん美しく輝いていくのだ。

言葉は一度心で唱えてから声に出すと相手に届く

たとえば「A」の状況下では「B」の言動をとるというように習慣化していると、スムーズに物事を運べるメリットがある反面、〝慣れ〟によって思わぬ誤算を招くこともある。

たとえば、クレーム対応や営業で、頻繁に口にしている「申し訳ありません」や「ありがとうございます」の言葉もそのひとつ。気持ちが伴っていないのに、つい発してしまうことがある。

しかし、口先だけの対応というのは相手に案外伝わるものだ。気持ちが伴っていなければ、〝表面的なやつだ〟と思われてしまい、信頼を失いかねない。

だから、言葉を発する前に「申し訳ありません」「ありがとうございます」とまず心の中で考えるといい。

そうやって自分に一度言い聞かせてから声に出すと、それが相手にも伝わるようになるのである。

自分自身に高い評価を下す人の深層心理とは？

「他人が理解してくれなくても、オレに能力があるのは自分自身でよくわかっている」と勝手に納得している人がいたら、その考え方は改めたほうがいい。なぜなら、仕事では上司や取引先などの「他人の評価」が何より重視されるからである。

自分の仕事ぶりに納得して、自分自身に高い「自己評価」を下していても、周囲がそう認めていなかったら何の意味もないことになってしまう。

それに他人が理解してくれなくてもオレだけがわかっていれば、と考えて自己評価ばかり下しているのは、じつは自分に自信がないことの裏返しでもある。他人が評価してくれないから、自己評価することで足りない自信を補っているのである。

イザという時に強さを発揮する「格上意識」の持ち方

他人のいいところばかりが目につき、自信を喪失しそうになった時は、わざと自分は周りの人間よりも格上であるという自負を持ってみてはどうだろうか。

よく、できるタイプほど嫌味で陰険な性格だったり、自分の才能や成功を恥ずかしげもなく吹聴したりするものだが、それは無意識に抱く「格上意識」によるものである。一説によると、アップル社の創設者であるスティーブ・ジョブズですら、ライバル企業の製品を常に「趣味が悪い」とか「ヤツらは死んだ魚だ」などとこき下ろしていたという。

ところかまわず格上意識を振りかざしては人間関係に支障をきたすが、絶対に負けられない勝負に出る時などは、意識的に相手を低く見なすことで心を強く持てるのである。

「心の隙間」をつくらない本番に強い人のメンタル術って？

大舞台に立ったら頭が真っ白になって何もできなかった、という経験は誰にでもある。

本番になるとなぜか実力が発揮できないという人は、自分に対して「不安」を持っている。「はたしていつも通りにできるだろうか」「緊張している自分を周囲が笑っているんじゃないか」「声がひっくり返ったらどうしよう」など、どうでもいいことまで気になってしまい、いつもの力が出せなくなってしまうのである。

本番の前には余計なことを気にする「心の隙間」をつくらないようにしよう。外界から自分をシャットアウトして、人に会わない、電話にも出ないようにするのだ。

自分の心の中に「ギャップ」があるほどプレッシャーは大きくなる！

ストレスだらけの現代社会では、ストレスの原因が自分を取り巻く周囲の状況や対人関係にあると思いがちだ。

しかし、突き詰めていくと、自分自身の心の中にこそストレスをつくり出す要因があることも多い。

そのストレスを生み出す大きな原因のひとつが「ギャップ」だ。

たとえば周囲からの期待に応えたいとか、自分はもっと成功したいなどという気持ちは、現実とのギャップがあるほど大きなプレッシャーとなる。

しかし、そこにあるのは、「自分はこうあるべき」とか「こう見られたい」という他人に対する虚栄心なのである。

まずは、自分のありのままを受け入れる必要がある。無理なものは無理、自分の実力は現状ではこの程度なのだとしっかりと認識したい。

周囲の人によく思われたいという気持ちに気づいてその虚栄心を捨てることが、ストレスから解放される近道なのである。

自分に高い値段をつければおのずと高値で売れる！

「自分を安売りしてはいけない」という戒めは、一度は耳にしたことがあるだろう。じつはこのフレーズに、自分の価値を高める心理が隠されている。

たとえば上司に、本当は引き受けたくないような仕事まで押しつけられて、無理をして引き受けているとしよう。

「あいつはどんな雑用でも頼まれれば断らない」というイメージを与えてしまえば、いいようにこき使われる存在になってしまう。

そこで、思い切って「つまらない雑用はお断り」という姿勢で断る勇気を持つと、かえっていい仕事が増える。つまり、自分に高い値段をつければ、高く売れるようになるのだ。

とはいえ、自分の実力を冷静に見極めることも必要だ。入社したばかりの新入社員が「雑用はお断り」などという態度をとるのは論外である。自分を高く売るためには、「高い値段に見合うだけの実力」がついていることが大前提なのである。

NO！と言っても やさしさは失われない

やさしい人というのは、老若男女どの世代や性別であっても高く評価されることが多い。好みの異性のタイプを聞いたアンケートなどでも、必ず上位に挙がってくるのが「やさしい人」だろう。

しかし、やさしさというのは時に気弱さの裏返しでもある。頼みを聞いてあげるのは、他人との衝突を避けるためであり、他人に対して気配りをしまくるのも、自分に対する不満を聞きたくないという気持ちの表れだったりする。

自分の気弱さを「やさしさ」だとごまかしていると、いつしか他人の顔色ばかり窺って、意見を通すことができない人というレッテルを貼られてしまいかねない。

仮に衝突したとしても、自分の意見は言う必要があるし、やりたくないことにはNOと言える勇気を持とう。しっかりと自己主張したとしても、やさしさが失われるわけではない。自分の意志を尊重して自分自身にやさしくしなければ、他人に対しても本当にやさしくはできないのである。

「いい友だち」と言われるにはまず自分がいい友だちになる

年齢を重ねれば重ねるほど、真の友人をつくるのは難しいと感じる人が多いのではないだろうか。

仮にＳＮＳなどを利用して膨大な人数とネットでつながっていたとしても、その中に心から打ち解けて話せる相手を見つけるのは至難の業だ。

友人ができにくいと感じたら、まず自分自身を見つめ直す必要がある。振り返ってみて、人から相談をされたりアドバイスを求められることが少ないとしたら、とっつきにくい雰囲気を出している可能性がある。

その場合は、自分から心を開いて悩みを打ち明けたり、相談事を持ちかけてみよう。親しくなりたいというサインが伝わり、相手との距離を縮めることができるはずだ。

アメリカの思想家であるエマーソンの言葉に「よき友人を得る唯一の方法は、まず自分が人のよき友人になることである」というものがある。

自分を取り巻く人間関係を変えたければ、まず自分自身が変わらなければならないのだ。

「なりたい自分」になるには理想の人物を演じてみる

自分の性格に対して完璧に満足している人は少ないものだ。多くの人が、こうだったら…、ああだったら…などと、他人を見て羨んだりする。

しかし、「自分がなりたい自分」になる方法は案外簡単だ。それは、理想の姿を演じることだ。

人間は、何か役割を与えられてその通りに振る舞ううちに自己暗示にかかり、精神面まで変化するということが心理学実験の結果でもわかっている。

たとえば、くよくよ考え過ぎる性格が嫌で、もっと楽観的でポジティブな人間になりたいと思ったら、そのように振る舞うだけでいいのだ。俳優になったつもりで理想の人物を演じてみよう。

なりたい自分を演じているうちに、いつの間にかなりたい自分に近づくことができるのである。

会えば会うほど好きになるという これだけの理由

職場の同僚や学校の同級生と恋愛関係に発展する人は多いが、これは心理学的にいえば自然の成り行きである。

というのも、人は会えば会うほど相手に好意を抱くからだ。これは「熟知性の原則」といわれ、会うたびに相手への警戒心が溶け、慣れていくうちに親しみを抱くようになるのだ。

「単純接触の原理」とも呼ばれ、対人だけでなくモノに対しても同じ効果がある。

何度も見たり聞いたりするモノには、知らず知らずのうちに親しみを覚える。スーパーの棚にまったく見たこともない商品と、ＣＭで頻繁に目にする商品が並んでいたとしたら、ＣＭでよく見る商品を手に取ってしまうのはこの効果のためなのである。

だから、気になる相手がいたら、まずは会う機会を増やしたい。何度も顔を合わせているうちに、親近感を抱いてくれるだろう。そこから恋愛感情としての「好き」に発展させられるかどうかは、こちらの腕の見せどころというわけだ。

自分の首を絞める前に「嫌われたくない」気持ちを和らげる

仕事に対してのモチベーションを上げる要素に「自己実現」が挙げられるが、この自己実現とは「人から褒められたい」とか「よく思われたい」と言い換えることができる。

この心理は、アメリカの心理学者であるマズローが説いた「欲求階層説」の5段階のうちのひとつとされている。

ところが、この承認欲求が強くなりすぎると「常にいいところを見せていたい」と感じるようになり、さまざまな役割を安請け合いして自分の首を絞めることもある。

結局、引き受けたことはどれも中途半端になってしまい、多くの人から評価されたいばかりにとった行動が結果的に自分の評価を下げることになるので注意したい。

第７章

他人との「心の距離」は、思い通りにコントロールできる

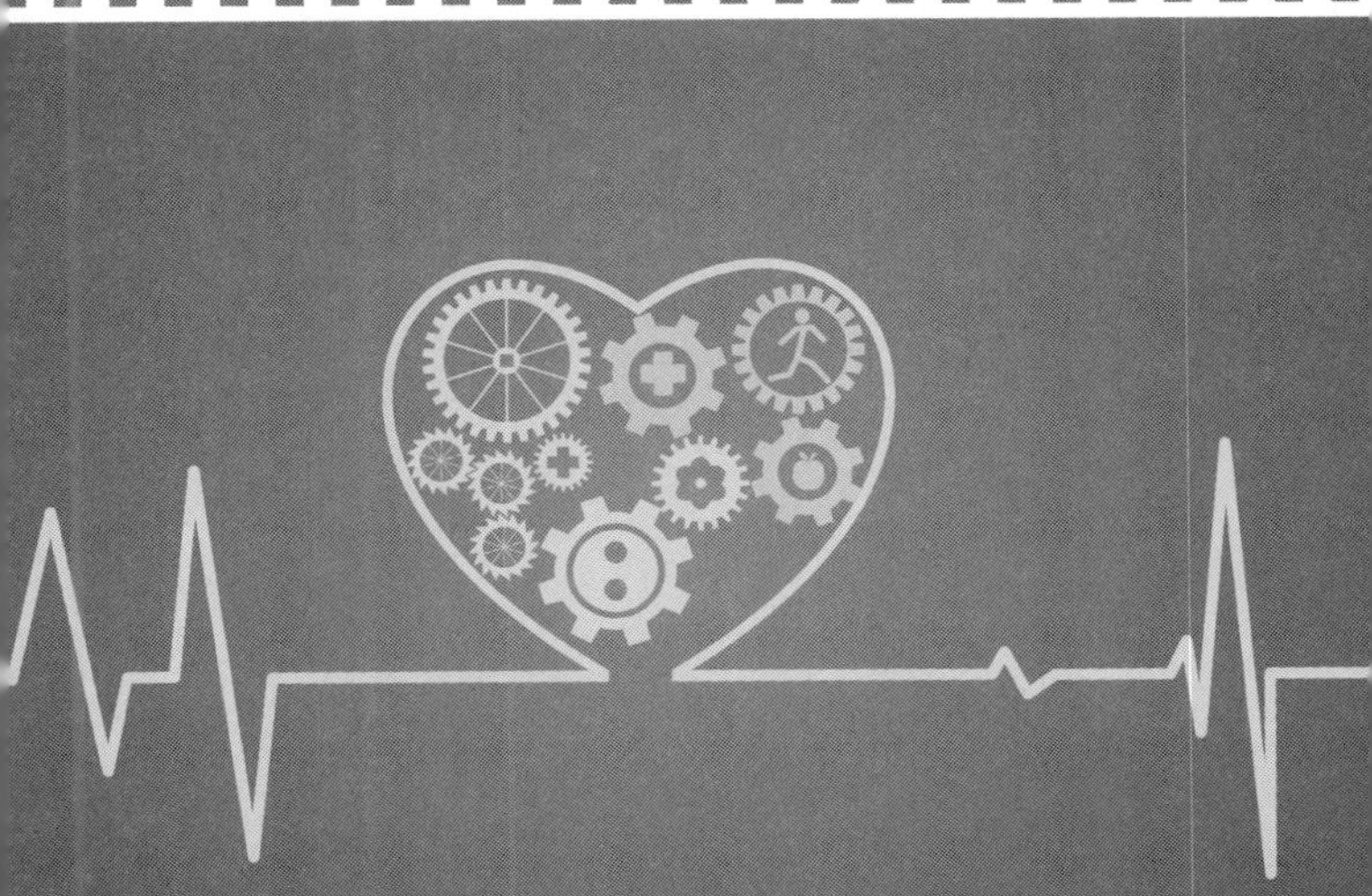

気負わずに新しい環境になじむための心構えとは?

新しい環境に慣れるまでは、時間がかかるものだ。それが友達をつくるのが苦手な人となれば、なおさら親しく話せる人を見つけるのもひと苦労だろう。

こういう人は相手にどう思われるかは二の次で、とりあえず自分の周りにいる人たちに話しかけてみるといい。とくに「自分と共通点の多い人」を探すのが近道だ。共通点が多い人や自分と似た感じの人とは、お互いに心を開きやすい。これは「類似性の要因」というもので、共通点が多ければ相手に好感を抱いて友達になりやすいのである。

心をオープンにして自分のことを話していけば、共通点のある人がそのうち話に乗ってくる。〝友達づくり〟などと気負わなくても、自然と友達が増えていくにちがいない。

いい人間関係を築くための適切な行動を知る

良好な人間関係に欠かせないのは、なんといっても信頼関係である。ところが、自分は信頼しているのに、相手はまだそこまでには至らない。こんなケースがよくあるのもまた現実だ。その時にチェックしてほしいのは、自分がよかれと思った行動が、的外れではなかったか、ということだ。

人は良好な関係を築きたい相手には、相手が喜ぶことをしたいと自然に考えるものだが、その内容は人によって異なる。

つまり、相手の信頼を得るには、相手の自分に対する期待はなにかを考えてみるといいのだ。これは「媚(こび)を売る」ということではない。相手との関係性はあくまでも対等なのだから、「欲求に対する適切な行動の選択」なのである。

マイナスの憶測で苦しくなった時の奥の手とは?

人とのコミュニケーションを苦手とする人は想像以上に多い。しかもコンプレックスが高まると、「話下手だと思われてないだろうか」「これを言ったら相手はどう思う?」と相手のことばかり気になってしまう。

このような人は、心理学の世界では「自己受容が低いタイプ」と分類される。あるがままの自分を受け入れることができないために自分に自信が持てず、相手や周囲の反応や評価ばかりが気になってしまうのだ。

だが、たとえ会話を続けたところで、「自分は相手からどう思われているのか」などということがはっきりわかるものではない。憶測でものを考えても意味がないと割り切れば、リラックスして意外とすらすらとしゃべれるものである。

他人の影響に振り回されやすい人が気をつけるべきこと

人間関係に気を配るのは大切なことだ。しかし、それを重視するあまり、相手の言葉や感情に左右されて自分を見失ってしまうのは本末転倒だ。

人間には自分の目標や、やりたいことを大事にする「目標達成型」と、自分のことよりも周りとのバランスを重視する「人間関係型」の人がいる。

ここで問題になるのは後者で、このタイプの人は、他者からの評価を自己評価に置き換えるので、相手から期待した評価が得られなかったりすると過剰にショックを受けるのだ。他者の意見に振り回されても意味がない。あくまでも自分の評価は自分の物差しではかるということを覚えておこう。

組織の上下関係に不満がある時はこう割り切る!

個人の能力には差がないのに、肩書きだけで上下関係が成り立つことに疑問を感じる人は多い。「上司というだけで頭を下げるなんて御免だ」と反発する人もいるだろう。

しかし、人に頭を下げると思うから腹が立つのだ。タテ社会とは、役割に敬意を表する関係であることに気づいてほしい。

そもそも、組織は〝役割の束〟であり、それぞれの役割をこなしていくためには権限の大きなものから小さなものへと並ぶ必要がある。

上司という役割に敬意を表することはまた、部下として与えられた役割のひとつだと思っていれば、タテ社会も少しはいやすくなるのではないだろうか。

グループに馴染めない人は馴染む前にまず行動

多くの人は、ふつうに生活していれば学校や職場で何らかのグループに属しているものだ。

そんななか、グループに馴染みたくても馴染めずに悩む人がいる。だが、そういう場合は最初から無理にそのグループを好きにならなくていい。

グループに馴染んで溶け込んでいくために必要なのは、仲間と行動を共にすることである。もっといえば「行動だけ」を共にすればいいのだ。たいして気持ちが入っていなくても一緒にいれば、いつしか心も変わってくる。

また、忘年会などの幹事でも「馴染んできたらやろう」ではなく、まず「やってみて馴染む」のである。積極的に役割を演じていくと、だんだん愛着が湧いてくるものなのだ。

自分らしいリーダー像を確立すれば人の上に立つのは怖くない

向き不向きに関係なく、キャリアを重ねていくと人の上に立たざるを得ない立場になる。「自分はリーダーには向いていない」と勝手に決めつけて落ち込む人も多いが、そういう人は自分が目標とするリーダー像に自らをあてはめ、そこに大きな隔たりを感じるから自信を喪失するのである。

冷静に周囲を見てみれば、リーダーといってもカリスマタイプや、グループの調和を優先するタイプなど、じつにさまざまなタイプがいることに気づくはずだ。

率先して牽引するのではなく、メンバーの一員として輪の中に入っていき、一緒に成長しながら率いていくのも立派なリーダーだ。これなら目指しやすいだろう。

わずらわしい他人の悪意や敵意を「受け流す」術

「隙あらば足を引っ張ってやろう」とか「なんとかして相手を追い落としてやろう」

などとよからぬことを考えている輩はひとりやふたりいるものだ。

一方的に悪意のある態度をとられたなら、思わず報復したくなってしまうところだが、ここはぐっとこらえるべきだ。2人の運送業者を被験者にしたある実験によれば、互いに運送ルートを邪魔し合った時が一番効率の悪い結果になったという。

つまり、足を引っ張り合うと自分の仕事にも支障が出てしまうというわけである。嫌味なことをされたら、「自分を妬んでいるのかな」「何か嫌なことでもあったのかもしれない」くらいに考えておけばいいのだ。

「人は頼み事をされるのがうれしい」のだと思っていい

ひとりで仕事を抱えこみ、なかなか同僚や部下にSOSを出せない人はいるが、もし「頼み事をするのは申し訳ない」と思っているのなら、それは勝手な思い込みでしかない。

ある実験によれば、面倒なことであればあるほど頼まれた人は頼んだ人に対して好感を持つという。理由は、「あの人は私を頼りにしているからお願いしたんだ」と、面倒を引き受けた自分を無意識に正当化させる心理が働くからである。

人に必要とされることには誰もが少なからず喜びを感じる。だから、上司だろうが同僚だろうが、遠慮なく助けを求めていいのだ。

苦手な相手でも好意を見せれば好意が返ってくる

誰にでもひとりくらいは苦手な人や嫌いな相手がいるものだ。そういう人と一緒に仕事をする時は、あえて避けずに相手に話しかける回数を増やしていくといい。自分と共通する趣味を持っていることや、意外な長所を知ることができれば、相手に好感を持てるようになってくる。これを「熟知性の原則」という。

また、人は身内をひいきする傾向があるから、話す時に「僕たちは」とか「私たちの仕事は」と言って、仲間意識を高めていくのもテクニックのひとつだ。

相手に好感を抱き始めれば、「好意の返報性」といって相手も好感を抱いてくる。こうした関係性を続けることで苦手意識も薄れるはずだ。

仕事は感情よりも効率性で考えれば職場の人間関係が煩わしくならない

ちょっと厄介な仕事を頼まれたが、できればあまりやりたくない。だけど、断ったら相手は困るだろう…。そんなふうに迷うなら、今すぐその仕事は断ったほうがいい。人に頼まれると断れないというタイプの人は一見優しい人と見られがちだが、じつは「人に嫌われるのが怖い」という心理が働いている。

断ることで職場の人間関係がギクシャクしてしまうのではないかなどと複雑に考えてしまうために、スピーディーな判断ができなくなってしまっているのである。

相手にしてみればできそうな人に仕事をお願いしただけだ。断られたら、ほかの人に頼めばいい。仕事は感情よりも効率性が大事であることを忘れてはいけない。

苦手な相手を手玉に取る〝しっぺ返し作戦〟

社会に出れば、苦手な相手と一緒に仕事をしなくてはならない。そんな時は、〝しっぺ返し作戦〟で乗り切ってみよう。

これは心理学では「テット・フォー・タット作戦」といわれるもので、やられたらやり返す、つまり相手の態度と同じ態度で応えるという方法だ。

たとえば、相手がライバル心をあらわにしてきたら、こちらも敵対的な態度をとる。一方、協調的な姿勢を見せた時には、同じように協調性をもって接するのだ。

これを続ければ、相手は自分の出方しだいで仕事がやりやすくなったり、やりにくくなったりすることに気づく。否が応にも慎重な態度をとらざるを得ないのだ。

若い部下にはボディ・ランゲージで「心の大きさ」を示す

部下に信頼されたいと思ったら、まず部下の意見をきちんと聞くことが大切だ。

自分の意見に耳を傾けてくれる人には、誰でも心を開いて信頼を寄せるからだ。

そもそも、部下が「今、お時間よろしいでしょうか」などと、いちいち改まった様子で話しかけてくるのなら、話しかけにくい雰囲気を漂わせている証拠だ。意識的に話しかけやすい雰囲気を出すようにするといいだろう。

そのためには、手足を軽く開いて座り、体全体でリラックスしたような姿勢をとろう。これは相手を受け入れるボディ・ランゲージだ。部下との心理的な距離を縮めたいなら、最初に自分が相手を受け入れる姿勢を見せる必要があるのだ。

ぶつかり合った相手ほどわかり合える関係になれる

たとえば会議などで、みんながいいという意見に賛成しておけば間違いないだろうなどと考えることはある。これは「同調行動」と呼ばれる心理が働くためで、集団の中で仲間はずれにされないように同じ行動をとっておこうというものだ。

だが、あまりに我慢を重ねては精神状態にもよくない。時には自分の意見を主張することも必要だ。

もちろん、仲間はずれにされれば誰でも気分はよくないが、ぶつかり合った結果、もっとわかり合える関係に発展する場合もある。そういう仲間に気軽に声をかけるようにすれば、「自分は孤独だ」と悩む必要もなくなるだろう。

衝動的に行動したくなったら自己ルールで念じて抑えろ！

自分の中の欲求がどうしても抑えられずに、思わず衝動買いをするなどの行動に出てしまう人は、衝動は自分でコントロールして抑える必要がある。

まず、自分で簡単なルールを決めることから始めるといい。たとえば上司から注意を受けたら、

①黙って最後まで聞く
②深呼吸する
③5秒数える
④「わかりました」などと相手の意見を受け入れる姿勢を示してから、「しかし、今回の場合…」と自分の意見を言う

といった具合に独自のルールを決めておくのである。

それをより意識的にするために、紙に書いて持ち歩いてもいい。衝動的になりそうなときに服の上から紙の入れてある箇所を触り、衝動を抑えられるように念じると効果的だ。

ストレスは自分にとっての必要なエネルギー

イライラの元としか思えないストレスだが、じつは意外な効用がある。

心理学者のヘロンの実験によれば、視覚や聴覚など外部からの刺激をまったく遮断し、人の出入りもない部屋では、被験者は3日と過ごすことができなかったという。つまり、何の刺激もない状態は精神の健康にはよくないというわけである。

もしあなたが対人関係にストレスを感じているなら、「これは自分にとって必要なエネルギー源」だと考えるようにしたい。

ミスをしないための用心深さを生むもの、なれ合いになりがちな人間関係にハリを持たせるものだと考えれば、イライラも鎮まっていくはずだ。

適度にガス抜きしつつ、上手にストレスとつき合っていくのが賢いやり方なのだ。

人間関係がスムーズに深まる「あの人と同じ身振り手振り」

初対面の相手と打ち解けるのは難しい。そこで、話す時は「私はあなたと親しくなりたいと思っています」というイメージを植えつける努力をしてみよう。

たとえば、「きのう、深夜まで残業しましてね」ときたら、「ああ、遅くまで残業されたんですか」と返す。これは「きちんと話を聞いています」というアピールになる。

また、会話は相手のペースに合わせるのが基本だ。一方がゆっくり話しているのに、一方では早口でせかせかとまくしたてる。これでは印象はよくならない。

また、相手の身振り手振りを真似するのも親近感を抱かせるのに効果的だ。いずれにせよ、誰かと親しくなるのには、何よりも会話での印象が大事なのである。

心の壁を低くして素直に「ありがとう」を言えるようになる

たとえば贈り物をもらったら、あなたは「ありがとう」と素直に口にできるだろうか。

誰かに親切にされた時などに、相手に対して必要以上に気がひけてしまうと感じてしまうような人は、じつは自分を守ろうとして心にもない態度をとっていることが多い。

これは、心の奥では相手に何かしてもらいたいという思いがあるのに、思わぬところで他人から好意を受けると、それまで閉じ込めていた欲求が突然満たされて、他人との距離が測れなくなってしまうのが原因だ。

もし素直に「ありがとう」が言えなかったら、心に高い壁を築いてしまっている可能性があることを自覚しよう。

周囲の期待という〝足かせ〟は他人と真正面からつき合うことで外れる

期待に応えようと頑張れば頑張るほど、周囲との溝ができて、結局誰にも受け入れてもらえないまま孤立する…。こんな悲しい状況に陥りやすいのは、幼い頃に親から満足な愛情を与えられないまま成長した「アダルトチルドレン」タイプの人に多いとされる。

常に「親から見捨てられる不安」にさいなまれてきたために、他人の評価ばかりを気にするようになってしまい、その結果、自分本来の欲求を押し殺すようになるのだ。このような人は、他の人とひざをつき合わせて話をすることで、他人からの期待という〝足かせ〟が外れていくことに気づくことがあることを覚えておきたい。

子供の頃とは状況が違うことがわかれば、そこから自分の足で歩み始めることができるかもしれない。

「内観法」を応用して緊張しない心をつくる

面識のない人と会ったり責任の重い仕事を任されたりと、ビジネスマンはたびたび緊張に見舞われる。そうした緊張をほぐすためには、あえて正直に弱音を吐いてみるといい。

たとえば、「はじめてお会いするので緊張しています」「本当に自分にできるか不安です」など、胸の内に秘めた思いを吐露してしまうのだ。そうすると、言葉と一緒に緊張感も放出され、しだいに心に落ち着きをとり戻すことができる。

これは心理学の「内観法」を応用したもので、自分の心の中を冷静に観察し、ありのままの気持ちを言葉にするという方法だ。

時々心の動きを口にすることによって胸の中につかえていたわだかまりがなくなり、同時に悩みが生じる余地もなくなるという。

他人の視線が気になる人がハマる「視線恐怖症」の４つのパターン

人間誰でも、人からどう見られているのかを意識するものである。だが、あまりにも気にしすぎて、人と目が合わせられないのは「視線恐怖症」になっているのかもしれない。

その視線恐怖症には4つのパターンがある。

自分は人からどう思われているのだろうということばかりが気になってしまい、他人の目が怖くなっているのは「他者視線恐怖症」だ。

そして、自分の視線が相手に不快感を与えるのではないかと不安になり、人と目を合わせられないのは「自己視線恐怖症」という。

また、目を合わせた時に変な態度をとってしまわないかなど、自分の行動に不安があって相手の視線を避けてしまうのは「正視恐怖症」、他人の視界に自分が入ってしまうことを迷惑だと思っているのは「脇見恐怖症」だ。

人は本人が思っているほど人のことを見ていないものだが、いずれにしても、自分に自信が持てない状態であることには間違いない。

悩みを打ち明けるとなぜ親近感が沸くのか？

恋人にフラれた異性の友人の悩みを聞いているうちに、その友人のことを好きになってしまったり、部下の悩みの相談にのっているうちに恋に落ちたりするというのは珍しくない。これは誰にでも起こりうることだ。

なぜかというと、悩みを打ち明けるということはその人の内面を知ることになる。すると「わかる、わかる」と、つい自分の体験したことも話したくなるからだ。

こうしてふだんはあまり人に話さない部分をさらけ出すと、互いに親近感が生まれ、男女なら恋愛関係に発展したりするのだ。

もし、悩み事を打ち明けてきたのが友達の奥さんのような深い関係になっては困る相手だったら、熱心に話を聞くと厄介なことになりかねないので注意が必要だ。

好きでもないのに助けるとどんな変化がおきる?

顔見知りの女性が困って助けを求めていたところ、たまたま通りがかって助けてあげたら深く感謝された。それ以来、その女性のことが気になってしまう。

ドラマなどでありがちな恋の始まりのパターンだが、ここにはある心理作用が潜んでいる。それは、「認知的不協和理論」というものだ。

人は自分の気持ちと行動が矛盾していると、なぜか不快な感情が呼び起こされることがわかっている。

たとえば、たばこを吸うと体に悪いということを知りながら、たばこをやめないのは気持ちと行動が矛盾している。すると不快な気分になるので、タバコをやめるか、もしくはたばこを吸っていても長寿の人はいるなどと、体に悪いという情報をなかったことにしようという心理が働くのだ。

それと同じように、女性のことを好きでもないのに助けたとなると不協和が生じてしまう。だから、助けたという行動に合わせて「好き」のほうに気持ちを変化させて矛盾を解消しようとするのである。

3回に1回は断ると今までの人間関係が大きく変わる！

何かにつけ仕事をいいつけられて、いつも損な役回りをしていると感じるならば、3回に1回は思い切って頼まれごとを断ってみることだ。

仕事を押しつけられやすい人というのは、自尊感情が低く、自己主張が弱いタイプに多い。周囲に従順で、断れない性格の持ち主なのだ。

くどくどと理由をつけずに、「今日は忙しくてできません」などという単純な断り方でいい。思い切って断ってみると、相手は意外なほどあっさり引き下がるものだ。

仕事を押しつけてくる人というのは、あまり人のことは考えていないことが多い。断られたらほかの誰かに頼めばいいという程度にしか考えていないのだ。つまり、「断ったらどう思われるか」とくよくよ悩む必要はないのである。

「できません」のひと言が、今までの人間関係を大きく変えるきっかけになる。そうすることで自尊感情も高まり、主張するべき時は主張することができるような自分になっていくのだ。

結果的にはお互いにストレスのない人間関係を築くことができるはずである。

仲間内で「浮いている」と感じるワケ

人間関係の悩みを抱えている人は多いが、なかでも自分は仲間にうまく溶け込めていないのではとか、仲間内で浮いているのではないかと気になっている人は、「公的自己意識」が強い人かもしれない。

前述したように公的自己意識が強い人は、自分が周囲からどう見られているかを気にする人だ。人目を気にして周囲に気を遣うのはいいのだが、この意識が強すぎると本来の自分を素直に見せられないようになってくる。

ちょっとしたことでも「今の私の行動は浮いていたかな」と気になって、自然体で振る舞えなくなるのである。こうしたら嫌われるかもとか、周囲の人の反応ばかりにとらわれて自分の意見や趣味を主張できなくなっている状態だ。

一方で、周囲を気にせず、わが道を行くのは「私的自己意識」が強い人だ。このタイプは周囲から浮いていてもお構いなしだが、自己主張が激しくて協調性がないなどの問題がある。

どちらにしてもほどほどに持ち合わせるのが、人間関係がうまくいくコツである。

友達の恋人とこっそりつき合う人の深層心理

友達の恋人とこっそりつき合っていたのがバレて泥沼の修羅場に突入…。なんて恋愛ドラマさながらの状況に陥っている人は意外といるのではないだろうか。

友達の恋人を略奪するのは友情を台無しにするような行動だが、なぜそのようなことをしてしまうのか。

じつは、そういう人は無意識のうちに自分と友だちのどちらが異性として魅力的かを比較しようとしている可能性がある。

人には「自分自身の評価を知りたい」という衝動がある。だが、職場での評価とは違って、恋愛についての自分の評価を知るのは難しい。そこで、年齢や性別など自分と似た環境にいる他人と比べることで、自分にどれだけの評価があるのかを判断しようとしているのだ。

このように他人と比較することで自己評価を行うことについては「社会的比較理論」の研究があるが、友達の恋人を誘惑するのもこの心理が働いている場合がある。

たとえば、自分は友達よりも異性として魅力的だと思っているのに、友達には恋人ができて、自分には恋人がいないとする。

それなら友達の恋人を誘惑して自分になびかせるようにすれば、自分のほうがやはり魅力的だと判断できるというわけだ。

第8章

コツを知るだけで「やる気」は突然加速する

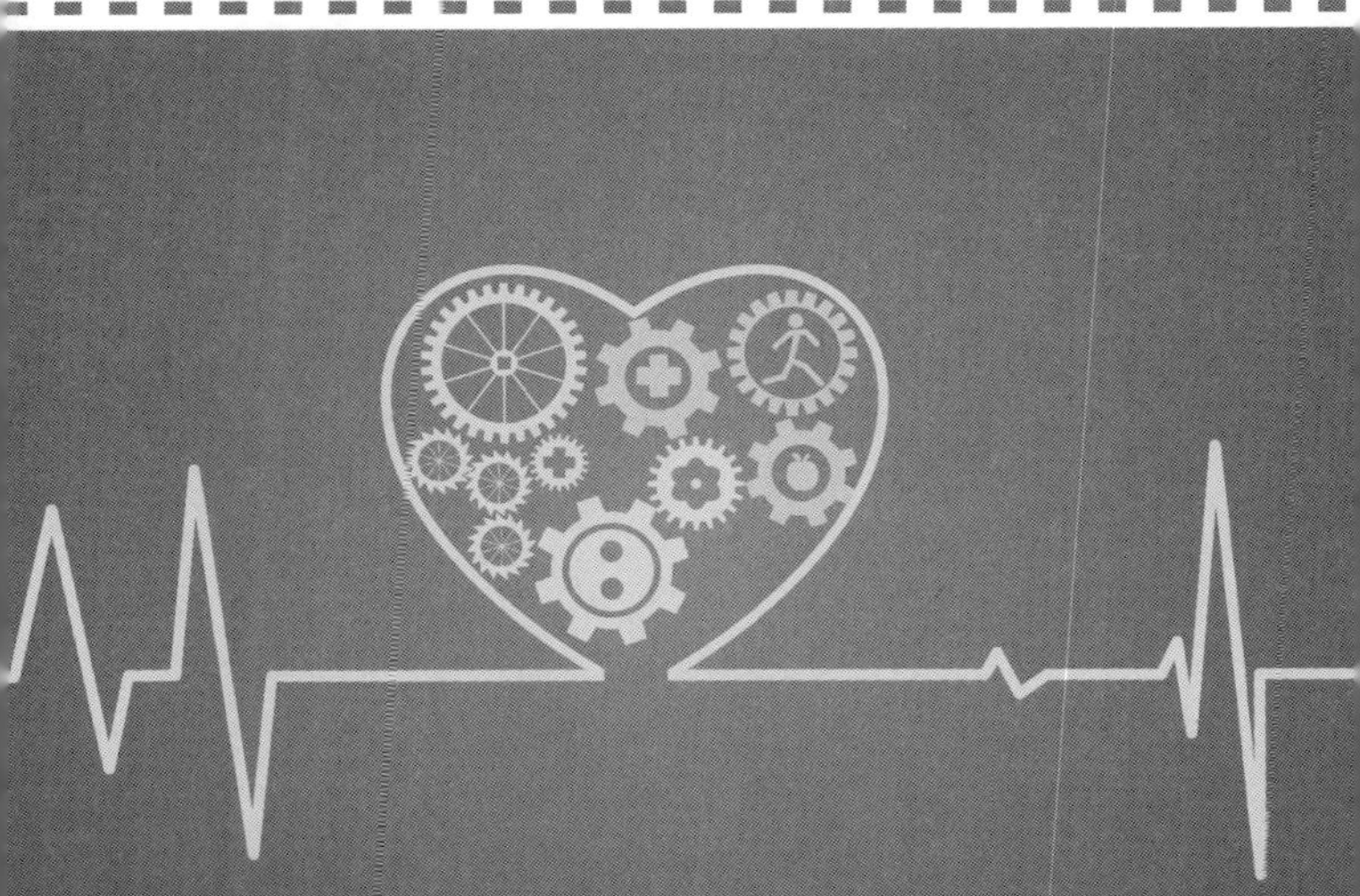

続けることができる人がやっている思考の秘密

「継続は力なり」とはもっともな言葉だが、多くの人にとっては継続自体が難しい。では、一度始めたことを続けるためにはどうすればいいのだろう。

たとえば、ジョギングを趣味にした場合、いきなり目標を高く持ちすぎると、「苦しい」とか「つらい」という感情が芽生えてしまう。そうなると続けるのは難しい。

仕事もこれと同じで、あまりに厳しいノルマを自分に課してしまってはすぐに息切れしてしまう。

重要なのは、仕事も人生も短い期間で完結するものではない、と大局を見つめる思考を持つことだ。たとえ今は負け越していても、最終的には勝ち越せるように自分のペースを守る。それがスキルアップするための近道なのだ。

やりたいという気持ちを起こさせる3つのコツ

努力することは大事だが、「努力の質と内容」に意識を向ける３つのポイントがある。それは、すべての仕事において効率化を考える、具体的な目標を立てる、努力を目で確認できるようにする、ということだ。

努力は基本的に楽しいことではないが、この３つを続けていくと、なぜか「やらねばならない」という気持ちが「やりたい」という気持ちに変わる。

そうなると努力が苦にならないから、いいパフォーマンスが持続する。うまくいけば、自分の潜在能力が今以上に引き出されることは確実なのだ。

運を呼び込む「タイミング」がきた時にすべきこと

世の中には運のよさだけで世の中を渡っているように見える人がいるが、じつは、そこには成功するためのヒントが隠されている。

こういう人の話をよく聞いてみると、運を呼び込むタイミングをきちんと自分のものにしていることがわかる。

「たまたま勉強会で知り合った人にヘッドハンティングされた」「結婚式の受付を引き受けたら、そこで運命の出会いがあった」など、人の誘いや頼み事に気軽な気持ちで乗った結果、幸運が転がり込むこともある。

もしも、あなたにこういう〝流れ〟がきたら、軽い気持ちで乗ってみよう。こうしたきっかけは「訪れるべくして訪れたタイミング」と解釈するといい。

三日坊主を脱するための単純でとっておきの秘策とは？

何をやっても三日坊主という人に秘策を教えよう。単純な方法だが、やりたいことや、やるべきことを何度も口に出して自分に言い聞かせるのである。

自分の発する言葉には、自分の行動を方向づけていく力がある。他人から言われる言葉には自意識が働いてしまって反発したり、抵抗してしまうことがあるが、自分の発した言葉は無意識のうちに自分の意識と行動に影響を与えるのだ。

口に出す言葉は、できるだけ細かく具体的であるほうがいい。たとえば、ダイエットなら「夜８時以降は食べない」と、できれば５回、声の大きさを変えながら繰り返すのだ。これには一種の自己暗示効果がある。きっと三日坊主とサヨナラできるに違いない。

重い腰を持ち上げるためには「締め切り」を設ける

転職したいが、次を探してからじゃないと…と思っているうちに、結局ずるずると会社に居残ってしまう。迷っているだけで一歩も動けない時には、「期限」を決めるといい。

「〇〇までにできなかったらあきらめる」といったん決めてしまうと、それまで漠然としていた思いにスイッチが入るからである。

いつでもできると思っていると、なかなか始めるきっかけがつかめない。それが面倒なことを伴うならなおさらだが、「期限」や「締め切り」を決めると、自然とそこから逆算して今やるべきことが具体的に見えてくる。

のんびりしている人でも、いやでもお尻に火がつくというわけだ。

自分自身を鼓舞することができる魔法の口グセ

思いついたことをなかなか実行に移せない人は、「○○に決めた！」を口グセにすることをお勧めする。「ボランティアをやることに決めた！」「英会話を習うことに決めた！」と、あたかも決意したかのように言い切ることを口グセにするのだ。

しかも、できればまわりにいる多くの人間に知らせてしまうことが重要だ。その時点ではまだ迷っていたとしても、一度口に出したからには実行に移さなければただのウソつきになってしまう。自分の信頼を失わないためには、やるしかなくなるのである。

自分ひとりではなかなか実行に移せない人も、こんなふうに周囲の人の力を借りていけば、案外容易に行動できるようになる。引くに引けない状況を自らつくり出すのである。

意外と知られていない「感謝の言葉」の絶大なる効果

小さい頃から、「できっこない」「どうせ無理」と言われて大人になった人は、そうした否定的な言葉に対するメンタルブロックがある。

コップに半分の水があったとして、それを「まだ半分ある」と思うか、「もう半分しかない」と思うかでポジティブ思考かネガティブ思考かがわかるという話はよく聞くが、メンタルブロックが強いと「もう半分しかない」という思いが強く、弱気になってしまうのだ。

こういう時は、「感謝」の言葉を探すといい。

「まだ水は半分あるから感謝」「遅刻はしたが、会議に後半出席できたから電車に感謝」など、ポジティブに物事をとらえるクセをつけてしまおう。そんなふうに恵まれる自分には価値があると思えるようになる。

焦った心にゆとりを与えるたった一文字の効果

仕事に追われている時は、つい「もう3日しか残っていない」「あと1日しかない」

と考えてしまいがちだ。しかし、こんな時こそ「まだ24時間も残っている」と自分にいい聞かせてみたい。

「～しか」で考えると、どうしても「できていないこと」にばかり意識が向かう。すると焦りばかりが大きくなり、本来できることにさえ十分な力を発揮できない。

ところがこれを「～も」に変えると、ぐっと気持ちが楽になる。心にゆとりが生まれれば、自分が今できていることやプラスの側面も見えてくるはずである。

自分を肯定して評価すればプラス思考になる！

どんな些細なことでも、他人から褒められればうれしいものだ。では、もしも誰からも褒めてもらえなかったらどうするか。自分で自分を褒めてあげるのだ。

まず、自分の行動のよかった点をピックアップしてみる。朝一番に出社したことでも、部屋を片づけたことでも何でもいい。自分で自分の行為を肯定するのである。

そうしたら次に周囲の環境に感謝する心を持つ。人から認めてもらえないと感じていると、つい誰に対してもマイナスの感情で見てしまうからだ。

そして最後に自分を思い切り褒めてやる。言葉にしてもいいし、手帳やカレンダーに◎をつけてもいい。自分をポジティブに評価すると、気持ちが満ち足りてくるはずだ。

夢中になった〝あのころ〟を思い出してやる気スイッチをON

どんな仕事にも必要とされる能力のひとつに「発想力」があるが、もしも仕事がマンネリ化してアイデアに詰まったら、「子供心」に戻れる何かをやってみることだ。たとえば、虫採りが大好きだった人は野山に出かけてみたり、野球少年だった人はキャッチボールをしたり、テーマパークなどに遊びに行ってみるのもいい。

子供の頃に夢中になって何かをしていた時の気持ちに戻ると、大人になった自分が上司の評価や、業界の常識などさまざまな壁にとらわれて柔軟な発想ができなくなっていることに気づくことができる。〝あの頃〟の自分を思い出すことで、自分の中のやる気のスイッチが入るというわけだ。

「自分は妥協しやすい人間だ」と自覚することで先が見える

何事も「まぁ、いいか」「こんなんでいいや」とすぐに妥協してしまう人がいるが、そんな人は、前述したように中途半端にあきらめてしまうクセを「メタ認知」してみてほしい。

ふだんは無意識に行っている「妥協」という行為をしっかりと認識して、客観的に考えてみると、妥協しがちな自分を制御するのに役立つのである。

次からは妥協してしまう自分を認識することが大切だ。そして「自分は妥協しがちだから、計画的に勉強しよう」と、思考を切り替えるのである。

「なりたい自分」を書き出して叶える方向に脳を誘導する

いくつになっても新しいことに挑戦したい気持ちはあるものだ。であれば、ふだんからやりたいことを片っ端から紙に書くことをおすすめする。

「作家になりたい」「テニスを始めたい」「転職したい」…。挑戦する前から無理だと決めつけているのは自分だけであって、何事もやってみなくてはわからない。「やりたいこと」を書き出し、それを常に眺めていれば、その意識はいつしか当たり前の感情となり、脳がそれを叶える術を見つけようと動き出す。そして、それが実際の行動へとつながっていくのだ。

自然と活力が増す しゃきしゃきした歩き方とは?

心にわだかまりを抱えている時は、あえて早足で歩いてみよう。顔をしっかりと上げ、背筋を伸ばし、大手を振ってテンポよく歩いていくうちに活力がみなぎり自信も湧いてくるはずだ。

なぜなら、心の動きというのは自然と表面に表れてくるものだからだ。仕事で失敗したり悩み事があると、つい足どりは重くうつむきがちになってしまうし、逆に、嬉しいことがあると顔は晴れやかになり、スキップしたくなるほど足どりは軽くなる。

言い換えれば、足どりでその人の今の心理状態が読めるということだ。明るくしゃきしゃきとした足取りを心がけていると、自然と心がそれに伴ってくるはずだ。

脳に刺激を与えてマンネリから脱出

マンネリとは、同じ状態が続いた結果、独創性や新鮮さを失い、無気力や倦怠感を招くことをいう。ここから脱出するには、脳に新しい問題意識を持たせて刺激を与えてみるといい。

たとえば、新しい企画を考えてみたり、あえて高い目標を設定してトライしてみるのもひとつの手だ。また、時には生活空間や生活のペースを変えて部屋の模様替えをしたり、会社のデスクの上を片づけるだけでも効果がある。気分的にも違ってくるはずだ。

会社帰りに趣味の習い事をしてみるのもいいだろう。大切なのはこれまでの生活をがらっと変えること、それがマンネリ脱出の近道といえるのだ。

簡単な仕事から着手すればやる気は起きる！

どうしても仕事をする気になれない時がある。目の前にはやるべきことがあるのに、「気が進まない」とか「疲れていて頭と体が動かない」などの理由で仕事に手が出ない。

こんな時、多くの人は、「まず手ごわいものから片づけよう。そのほうが気が楽になって、残りの仕事もあっさり片づくはずだ」と思いがちだ。

しかし、ただでさえやる気になれないのに、わざわざ手ごわい仕事を選んだのではますます気分が萎えてしまう。

だから、やる気がない時には、最初にすぐ片づけられそうな簡単な仕事からはじめて、それを確実にやり遂げればいい。

人間の頭は、一度エンジンがかかると、あとは調子よく動いてくれる。そうなれば、本来の調子をとり戻すのも難しくはないだろう。

必要なモノ以外を排除すれば集中力をアップできる！

集中力を高めて仕事に気持ちを向けさせるには、注意力がほかに向かないようにすればいい。

そこでまず、デスクの上を見てみよう。ミニ植物、写真立て、癒し系グッズなど、仕事に必要でないものを置いていないだろうか。時には必要かもしれないが、仕事に集中できない時にはそれらをきれいさっぱり片づけてしまうことだ。

また、デスクのすぐ横をひっきりなしに人が往来するなど、動くものが視界に入るというのも集中できない要因のひとつである。

電話や周囲のおしゃべりによって仕事が中断されるというのもよくあることだ。できるだけ静かな環境に身を置くことが望ましい。

集中力を高める最善の方法は、第一に目的を達成させるために必要なもの以外はいっさい目にしたり耳にしたりしないようにすること、そして自分を缶詰状態にすることなのだ。

どんどん鏡を見て「ナルシスト」になったほうがいい理由って?

どうにもやる気が起きないような時には、自分を元気づけるためにあえて鏡を見るといい。今の自分を鏡に写し出して客観的に見ることで、自分に喝を入れて自己意識を高めるのである。

また、ふだんあまり鏡を見ないような人が急に鏡を気にしはじめたら、それはモチベーションが高まってきた合図と考えていいだろう。

すでに触れたように、鏡を見て、何度も髪の毛を整えたり服装の乱れをチェックしたりするのは一見、自分自身が大好きなナルシストのように思われがちだが、逆に鏡をまったく見ないのは気持ちに余裕がなくなっているサインだ。

自分を鏡に映してその時の状態を確認することは少しも悪いことではないのだ。

転職を繰り返す人が気づかない「ハネムーン効果」のリミットは？

職場やプライベートで行き詰まったら、思い切って環境を変えれば新境地が開けて現状を打破できる気がする。

もちろんそのとおりといいたいところだが、ことはそう単純ではない。人間は新しい環境に置かれた時に自然とやる気や満足度が上がるものだが、これは「ハネムーン効果」と呼ばれるものだ。

ところがハネムーン効果には、タイムリミットがある。環境を変えて一時的に上がった満足度は、時間の経過とともに低下してしまうのだ。

「ハングオーバー効果」と呼ばれるこの心理状態は、新天地に馴れてしまうことで徐々に不満が増大した結果なのだ。たとえば転職を繰り返す人は、この悪循環に気づかない人が多い。環境を変えただけでは、根本的な解決にはならないことを自覚しなければ腰を落ち着けることはできないだろう。

不安や恐怖心に打ち克つための自己能力開発法

社運がかかっているプレゼンの責任者に選ばれ、明日がいよいよ本番である。このプレッシャーからくる「不安感」や「恐怖心」に打ち克つにはどうしたらいいだろうか。

まず、理解したいのは、この場合の不安や恐怖の正体は「プレゼン」ではないということだ。

では何なのかというと、どう対応するかという「自己の対処能力」なのである。つまり、この能力を上げることによって、不安や恐怖といった感情を消すことができるというわけである。

こういう場合、経験と心を強く持つだけでなく、仲間の協力などの外的サポートを受けるのも有効だ。内的・外的不安を解消することで、対処法は見つけやすくなるのである。

第9章

「ネガティブ思考」と「ポジティブ思考」の正しい考え方

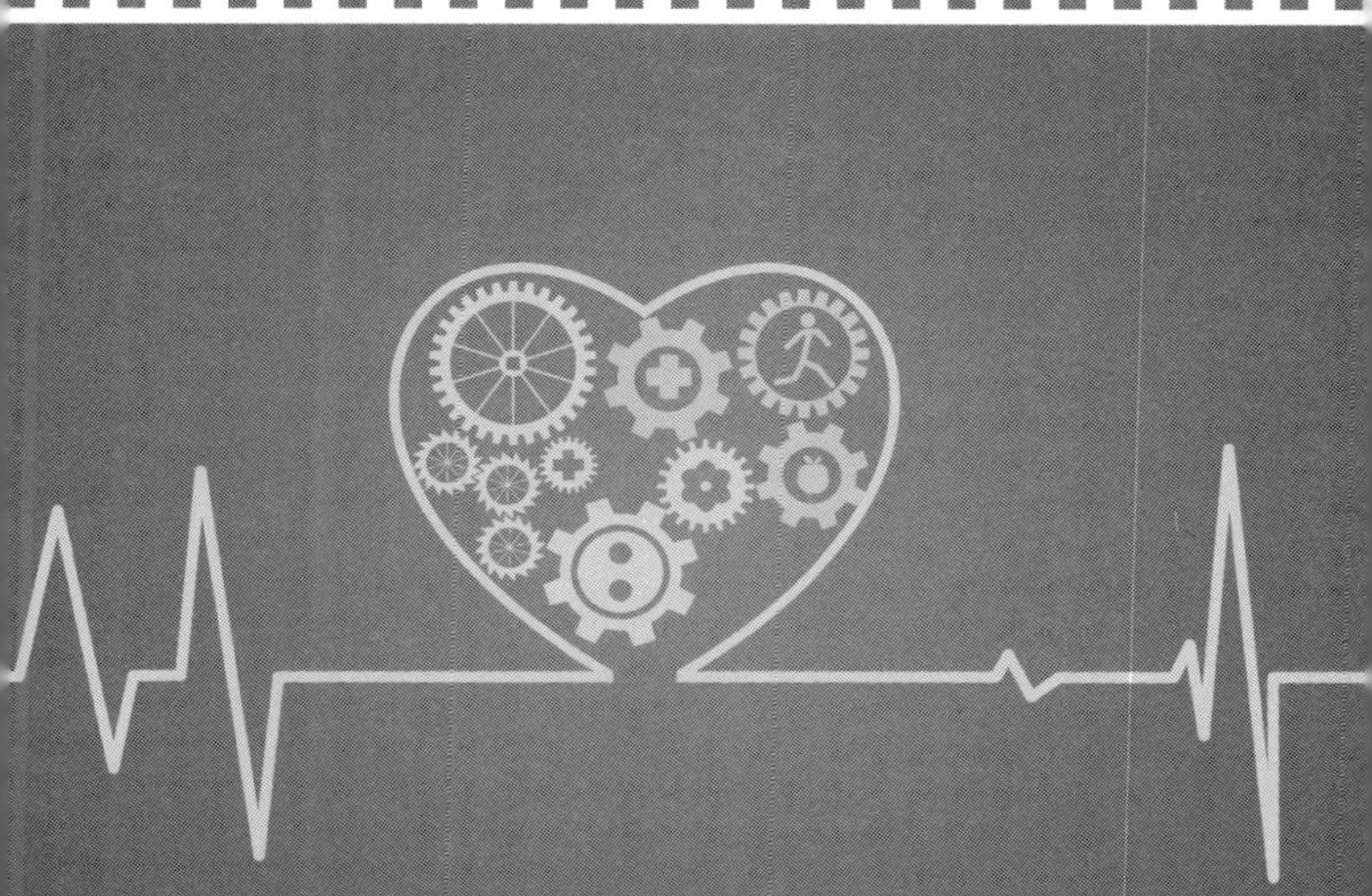

自分を追い詰めないためには失敗のパターンを知る

人は失敗した時に、同じ轍を踏むまいとしてその失敗の原因を探ろうとするが、ふだんから真面目な完璧主義者ほど、逆に自分を追い詰めてしまうことが多い。「あの時にチェックしておけば」と反省し始め、ついには「この仕事に向いていない」とか「自分は何をやってもダメだ」といったネガティブ思考の極致に至ってしまうのだ。

だが、自分を卑下して悩んでばかりいては、どんなに能力が高い人でもその力を仕事に活かすことは難しい。こうした状況を避けるためには、あらかじめ自分の失敗のパターンを自覚しておくようにすればいい。

そうすると、たいていの失敗は想定の範囲内ということになって、心理的なダメージは最小限で済むようになる。

拒絶されて心がヘコみそうになった時に効く方法

仕事とはいえ、交渉などで面と向かってＮＯを突きつけられるのは心理的につらいものがある。やんわりと拒まれても心が落ち込むのに、「その条件に応じる気はまったくありません！」などとストレートに拒絶されたとなると、かなり図太い神経の持ち主であってもなかなか立ち直ることができないはずだ。

だが、落ち込む前に、相手の態度を緩める方法を試してみてほしい。

強い拒絶に出くわした時は、「なるほど、じゃあもう一度考え直してみます」

といったん手を引くと効果がある。

人は譲歩した相手には譲歩で応えようとする心理が働く。そちらに考え直す気があるのなら、こっちも考え直してみてもいいという気持ちになるはずだ。

野生動物になった自分を想像できればリセットできる

なにかとストレスの多い世の中である。

このストレスを感じるのはあらゆる生き物の中でも人間だけで、動物の中でもとくに野生動物はストレスを抱えるどころかマイナス思考にも陥らないのだという。

心が疲れてしまった時には、人間はそもそも野生動物であると考えてみるといい。

今、人間はさまざまな情報やモノに囲まれて生きているが、そのルーツをたどれば太古の昔にサルから進化した存在である。

シンプルに、生きるために働いて、食べて、人を愛するのだと考えれば心はスッと軽くなる。「自分が野生動物だったら」と想像して気持ちをリセットしてみよう。

失敗する習慣から抜け出すために知っておきたいこと

今度こそ語学力を身につけようとテキストを買ってきたものの、張り切って勉強したのは最初の１週間だけだった…。

自分はいつもこんなパターンでうまくいかない、意思が弱い人間だとあきらめている人は、ちょっと考え方を変えるだけで改善できる。

「またこのパターンだ」と思うということは、自分の悪いクセに薄々気づいている証拠だ。失敗する習慣から抜け出すためにはまず、この悪いクセを強く自覚する必要があるのだ。

そのクセを直視すると、最初の意欲が薄れてテキストを広げるのが面倒になってきた時に、「また悪いクセが出てきた」と怠け心に喝を入れることができる。また、張り切りすぎている自分にブレーキをかけてコントロールすることもできるのだ。

過去のトラウマを払拭するために大事な視点

新しいことにチャレンジすることに慎重になっている人は、過去の失敗がトラウマになっていることが多い。過去に味わった苦い経験を思い出して「また失敗するのでは…」と、気持ちが萎縮してしまうのだ。

どうしても失敗することが恐くてあと一歩前に進めないという人は、足元ばかりを見ずに少し先にある目標に意識を集中させるといい。そして、目標を達成した時のことだけをイメージして足を踏み出すのだ。

それでもまだ不安だという人は、目標達成までのルートをA案、B案、C案と複数考えておくといい。「A案がダメでもB案がある」と自分の気持ちに余裕が持てるはずだ。

思いっきりグチった時の意外な効用

グチには、どうしてもマイナスのイメージがつきまとうが、じつは鬱積した不満を口に出すことは悪いことではない。ストレスを多少なりとも発散できるからだ。

これは「浄化作用」が働くためで、心の中に隠されている本心を誰かに打ち明けることでイライラした気持ちや怒りを浄化することができるのである。

ちなみに、女性はこの浄化作用を働かせるのに長けており、会社や上司に対する不満を給湯室やランチの席などで同僚と言い合うことで上手に発散させているのだ。

また、グチをこぼし合う相手とは絆（きずな）が深まっていくというメリットもある。共通の悩みや不満をぶつけ合うことで、連帯感を高めることができるのである。

自分への「問いかけ」を変えれば人生を方向転換できる

ビジネスで失敗が続いた時は、「なんで失敗ばかりするのか？」「どうやったらうまくいくのか？」などと自問自答するはずだ。

当然のことながら、その問いに対する明確な答えはない。それがわかるなら失敗などしないからだ。そこで、そんな時は考え方をガラッと変えるといい。たとえば「今まで失敗した過程をチャートにすればどうなるか」と考えれば、具体的に問題点をチェックすることができる。

ひとつの失敗を分析すれば、少なくとも同じような失敗はしにくくなる。さらに、自己分析ができたことで少しずつ自信を取り戻すこともできる。具体的な問いと答えを繰り返していけば、自分を客観的に見られるようになるはずだ。

ツイてない時期は自分の時間をつくるチャンス

長い人生の中では運に恵まれない時期というのはある。だが、不遇はけっして嘆くなかれ。むしろ、逆境はチャンスだと心を切り替えよう。

たとえば、新しいプロジェクトに自分だけ呼ばれない…などという時は、残念ながら現時点でのあなたはそこまで期待されてはいないということだ。

だが、そう思われているうちは比較的自由にトライできる。会議で少々思い切った発言をしてみてもいいし、早く帰れる利点を活かして英会話を始めてみてもいい。

このようなチャレンジができるのも、責任や立場に縛られない時期の特権と考えればいい。そして、この時に自分に投資したぶんは必ず将来役に立ってくれるのだ。

「他人のせいにする」ことでイライラするよりいい方法

たとえば仕事上、チームで頭を下げなくてはならない時、腹の中では「自分は悪くない、悪いのはあいつだ」と恨むことがある。

だが、うまくいかないことを他人や会社や世間のせいにしても結局は同じような事態が繰り返されて、その度に「自分は悪くない」とイライラするのだ。

そこでイライラを少しでも減らしたいなら、改善点を見つけなければならない。

「本当に自分は悪くないのか」「自分にできることはなかったのか」と思い直すのだ。

「あいつのミスに、なぜもっと早く気づいてやれなかったんだろう」と自省できたら、それこそ器の大きな人と評価され、周囲から信頼を得ることもできる。

〝負のスパイラル〟を止める意外な心理作戦とは？

いつも不満を口にしていたり、グチっぽかったりする人ほど、自分に対する自信のなさから似た者同士で徒党を組んでしまうから不思議だ。

ちょっとした不満から始まる負のスパイラルは、一度入ると抜け出すことは難しい。ところが、こんな人はじつは大きな勘違いをしていることに気づいてほしい。

ただ、不満を言っているだけで行動に移っていない状況はそれほど悪くはない。見方を変えれば、グチですんでいるのだからまだ満たされているともいえる。

人は本当に追い詰められた時には、本能的になんらかの行動に出る。まだその領域にいっていないと思えば、そこまで不満に思うこともないだろう。

「成るようにしかならない」という心持ちで焦りをコントロールする

仕事で壁にぶちあたった時、焦りだけが募ってしまうものだ。そんな時には「為せば成る」から、「成るようにしかならない」と気持ちを切り替えてみるといい。

解決策も浮かばないまま強引に物事を進めようとすれば、かえって問題をこじらせるだけだ。するとよけいに落ち込み、自信を失ってしまう。答えが見つからないのなら、そのうち解決するだろうくらいに開き直ってしまえばいいのである。

また、いったんその問題から距離を置いてみるのもいい方法だ。問題点だけはメモして、あとは頭からすっかり締め出してしまう。こうして頭をリセットすると、思わぬところで名案がひらめいたりするかもしれない。

インターバルを入れればマイナス感情はシャットアウトできる

順調にいっていた仕事でたった一度のミスを引きずって、いつまでも自分を責め続けてしまうことがある。

しかし、こうしたマイナス感情は即座に切り離してしまうのがいい。マイナス感情にとらわれるとよくない部分にしか目がいかなくなり、判断力も失われてしまうからだ。

といっても、もちろん無責任になれというわけではない。ぐずぐずと悩んだところで起こってしまった事実は変えようがないのだから、結果を冷静に受けとめるということだ
いきなり感情をシャットアウトさせるのが難しいなら、大きく深呼吸をする、お茶を飲む、いったんデスクを離れるなどのインターバルを入れると気持ちを切り替えやすくなる。

自分なりの〝儀式〟で心を落ち着かせて、とにかく失敗をマイナスの感情と結びつけないことだ。

「シンプルな表現」ができる人が結局強いのは？

「もう倒れるかと思ったよ」「つらすぎて死にそうだった」など、とかく大げさな表現をする人は、より強烈な言葉を使って自分が特別だと印象づけようとする傾向がある。

しかし多くの場合、これは逆効果になる。あまりに強烈な言葉を多用すると「オオカミ少年」ではないが、いつの間にか誰もその言葉に反応しなくなっていくからだ。

また、あまりマイナス感情を大げさに表現していると、自分自身がだまされてネガティブな気持ちになってしまいかねない。

もし心当たりがあるのなら、「面白い」「悲しい」「つらい」などと、感情表現は極力シンプルにすることをおすすめする。

仕事のストレスは仕事に打ち込めば解消できる

飲食やスポーツなど、仕事のストレス解消法は千差万別だ。だが、これらは単に別のもので紛らわせているにすぎない。仕事のストレスを真の意味で解消できる場所は、じつは「職場」なのである。

病気がその根本的な原因を治療しなければ完治しないのと同じように、仕事で生じるストレスは仕事そのものへの取り組み方の改善などで解決するしかないのである。

もちろん、なかには自分ではどうにもできない事案もあるだろうが、やり方や意識を変えることによって解消できるものも実際はかなりあるはずだ。

「仕事のストレスは職場以外に持ち出さない」ことを心がけるだけで、気持ちもだいぶ整理できるはずだ。

「自分ではすぐに変えられないもの」に心をとらわれない

努力家で人一倍頑張るマジメ人間は尊敬に値するが、一方で、こういう人ほど不満が多いのもまた事実ではないだろうか。

だが、不満のタネは、一見みな同じように見えてじつは明確な違いがある。それは、「自分ですぐに変えられるもの」と「自分ではその時点で変えられないもの」の違いである。

「他人と過去は変えられないが、自分と未来は変えられる」という言葉がある。

変えられないものに対してイライラするのはエネルギーのムダ遣いだ。自分が頑張ることで変えられることだけを心に持ち続ければいいのである。

悲観的なタイプだからこそリスクヘッジができる

楽観主義者は、おおらかで大胆。悲観主義者は、慎重で気が小さい。これが世間のイメージだろう。たしかに楽観的な人は一瞬のチャンスを逃さず、大きく飛躍する可能性は高い。

そのため、いつも無難な道を選んでしまう悲観的な人は勇気がない臆病者のようなマイナスイメージでとらえられてしまうことが多い。

ところが見方を変えれば、悲観的な性格にも大きなメリットがある。常に最悪の事態を想定し、安全を確認しながら行動できるので、リスクを低く抑えることができるのだ。

もしもあなたが悲観主義者でも、楽観主義者をうらやむことも張り合う必要もない。自分の長所を活かしていけばいいのである。

「怒るのはもっともだ」と怒りを肯定して次の一手を探す

トラブルが発生した時、怒りを覚えるタイプと落ち込むタイプがいる。いずれにせよ、こんな場合の感情のコントロールは難しいものだ。

怒りを感じる時、人は怒っている自分に後ろめたさを感じて、感情そのものを無理に抑え込もうとする傾向がある。だが、これは効果的ではない。「自分が怒るのはもっともだ」と自分を認めてあげれば、心を落ち着かせることができるのだ。

一方、落ち込む時は投げやりな気持ちになりやすいが、そんな時には、逃げ出さずに何とか手を打とうと考えている自分をとにかく褒めてあげよう。そうしてある程度自信を取り戻してから、次の行動に移ればいいのである。

セルフコントロールで脳をリラックスした状態にする

たとえば眠れない時は、「早く眠らなければ」と思わずに、むしろ「無」になるのが一番だが、人はなかなか無の状態になれるものではない。

「別れた彼女のことは忘れよう」と考えているうちは意識から消えていないのと同

じように、「無になろう」と意識することは、「無」を意識しているのと同じなのだ。

こんな時は、リラックスした状態をつくることに集中しよう。医学的には、副交感神経が交感神経よりも優位になることをリラックス状態という。

仰向けに寝て、お腹に手を当てて、呼吸するたびにお腹が膨らんだり、へこんだりするのを感じる。この腹式呼吸を実践するだけで、リラックスしてしだいに眠くなるはずだ。

数字の力を借りて「怒り」や「悲しみ」を減らす方法

人の気持ちは数字で推し量ることはできないが、ストレスやプレッシャー、不安や怒りを感じた時には数字が役に立つことがある。

たとえば、親友に裏切られたら、その気持ちをそれぞれ「怒り＝80、悲しみ＝90、失望＝75」のように数値で表してみるのだ。次に、できるだけポジティブな見方でその出来事をとらえてみる。

「本当のことを私に言いづらかったのか」「私を気遣えないほど、焦っていたのか」などと考えることができたら、もう一度心の中に浮かんだ感情を整理して書き出してみる。すると、最初の3つの感情は、程度の差こそあれ減少するはずだ。書いて数値に表すことで心は癒されているのである。

嫌な感情をバネにする方法と水に流す方法

世の中には、いろいろな人がいて、無責任な物言いをするものだ。だから、人の言うことをいちいち気にして落ち込む必要はないが、なかには根に持ったほうがいい場合もある。なぜなら、それが生きるうえでバネになる可能性があるからだ。

たとえば、「自分のやった仕事を上司がこっそりやり直していた」という場合などは、なぜ何も言わずにやり直すのか、自分のしたことはムダだったのか、むしろ感謝すべきなのか、などと不愉快になるがこんな場合は、根に持つといい。

そして「次は上司の鼻をあかしてやる」と、気持ちを切り替えて燃えれば、自分を成長させることができるのだ。

ちょっと横に置いておくことでマイナスの感情は半分減らせる

対人関係で発生するマイナスの感情は精神を疲弊させるものだ。こんな時は、早く立ち直る努力をしようと思いがちだが、あえて、いったん「保留する」ことをおすすめしたい。

仕事でもアイデア不足でペンディングになる案件はあるが、２週間後に再び手をつけてみたら、まったく違う考えでそれを見直せたりしたことはないだろうか。

これと同じように、マイナスの感情はいったん横に置き、「自分は自分だ」「嫌われても死にはしない」と割り切り、苦手意識やつらさについて考えないようにするといい。これが、マイナスの感情を小さくするための必要なモラトリアムなのである。

自己暗示をかけるなら「ポジティブワード」が断然いい理由

「言霊」という概念があるように、口から発した言葉には魂が宿ると考えられている。であれば、「どうせ」などというネガティブな言葉はできるだけ口にしないほうがいい。

医学的な観点からみても、ネガティブな言葉の自己暗示は、自律神経に影響が出るという説がある。

「どうせ間に合わない」といえば、自律神経も「間に合わせよう」という方向へは働かない。つまり、ネガティブなことばかり言う人は、チャンスも逸しているといえるのだ。

まずは言葉の使い方を変えてみよう。「どうせ〇〇ない」と否定的な意味で使わず、「どうせ」のあとに「今だけのことだ」などと、前向きなフレーズをくっつけるといい。

こうすることで、ネガティブな口グセもポジティブに変わり、思考そのものも前向きになるのだ。

ミスを「棚上げ」することで次につなげる考え方

人間は誰しも失敗するものだ。それなりの反省は必要だが、いつまでもミスに囚われていたら次に進むことができない。では、どうしたら気持ちの落ち込みをやわらげることができるのかというと、とりあえずミスを棚上げしてしまうといい。

一度反省したら、「この件についてはもう考えず頭の隅に置いておこう」と暗示をかける。いったん棚上げしてしまえば、しだいにそのミスは頭から消えてなくなってしまうはずだ。

そして再び脳裏をよぎるようであれば、反省と棚上げを繰り返してみるのだ。

こうすることで失敗の原因や今後の対処方法などが客観的に見られるようになり、次回から同じようなミスを繰り返すことはなくなるだろう。

わざと笑顔をつくれば落ち込んだ気持ちも吹き飛ばせる!?

気分が落ち込んだり、憂鬱な状態が続いている時には、笑顔をつくり、元気よく振舞ってみよう。

なぜなら、アメリカの心理学者ウィリアム・ジェイムズも、落ち込んでいる時にはいかにも元気そうに振舞い、笑顔で快活そうに話すことが最善の方法だと唱えているからだ。

これは、心と体は連動しているという理論に基づいたもので、努めて明るく振舞えば心のほうも自然と明るくなってくるという。

やはり、心と体は一体なのである。

紙一枚で怒りを鎮める手っ取り早い方法

自分に非がないのにこっぴどく上司に怒られた、同僚のあまりにもいい加減な仕事ぶりに腹が立ったなど、腹だたしい思いをした時に即効で怒りを静めるうまい方法がある。

それは不平不満、怒りを紙に書きなぐることである。とにかく、胸の内にしまっていることすべてをぶちまけるつもりで片っ端から書きまくるのだ。

これでも怒りが治まらなかったら、ひと呼吸おいてから相手がなぜこんな言動や行動をしたのか考えてみる。

自分がこんな言い方をしたから相手は快く思わなかったのだろうなど、相手の立場に立って考えるのだ。紙に書いて図式化してもいいだろう。

　ウソでもいいから、広い心の持ち主になったつもりで相手の気持ちをあれこれ書いてみれば怒りは治まり、逆に相手を思いやる気持ちまでもが生じてくるはずだ。

「過去」を振り返るスランプ脱出法

　もしスランプに陥っていると感じたら、過去の実績を振り返ってみるといい。仕事のファイルや取引に成功した時の契約書など、実際に形になったものを目の前に置いてみるのだ。

　自分がこれまでにやってきたことを再確認することで自信がよみがえり、新たな目標を達成させようという気持ちが芽生えてくるはずだ。じつはスランプに陥っている時は、現在や未来への不安だけでなく、過去の実績をも否定する傾向にあるという。過去の実績を否定するということは、言い換えれば現在の自分を否定することにもなる。

そこで、過去の実績の証しを自分自身に見せつけ、過去を否定しないことが肝心なのだ。

劣等感に支配された時のオススメ対処法

もしも劣等感を抱いたら、劣等感を克服するには特に次の方法がおすすめである。

ひとつは、「劣等感はあって当然」と考えることである。劣等感に悩み続けるというのではなく、誰にでも劣等感はあるので、気にしないでそのほかでがんばろうということだ。

もうひとつは、劣等感の原因をなくすことである。劣等感の原因が仕事の種類によるものだったら配置替えを希望したり、深刻な事態に陥っているようであれば思い切って転職してもいいだろう。

劣等感に苦しみ続けていると、人生そのものが劣等感に支配されてしまうことになりかねない。劣等感に支配されるかどうかは自分の意思しだいなのである。

折れた心も表情ひとつでハツラツとなる！

〝顔は心を映す鏡〟などといわれるが、感情と表情の変化は不思議と直結している。

その証拠に、精神状態が穏やかな状態にある時にわざと不快そうな顔をしていると、徐々に気分まで不快になるという実験結果があるのだ。

アメリカの心理学者ポール・エクマンとその研究者仲間のウォレス・フリーセンは、お互いにわざと不快で悲観的な表情をつくって1日を過ごす実験をした。すると、夕方頃には最悪な気分になり、それが自律神経にまで影響を与えたという結果が出たのである。つまり、感情と表情はお互いに影響を与え合うのである。

たとえば、いつまでたっても腹の虫が治まらない時でもわざと穏やかな表情をつくれば、意外と簡単に気分が持ち直すものだ。

強みを伸ばすことで能力全体を底上げする

誰にでも得意な分野と苦手な分野がある。「まずは弱みを克服しなければ」と焦っているなら、弱点を克服する努力をするより、強みを伸ばしていくことに力を注いだほうがいい。

ある教科の成績が上がった学生はほかの教科もできるようになるといわれるように、得意分野の強化は全体を底上げすることにつながるからだ。

まずは、自分の得意技を見極めることから始めたい。強みなんてわからないというのであれば、自分の得意なことや好きなことを紙に書き出してみよう。

弱みばかりを見ていると「なんでこんなこともできないんだろう」と自分を責めてしまうが、強みに目を向ければ自信がもてるのである。

第10章

上手な「目標設定」で失敗しないための心の習慣

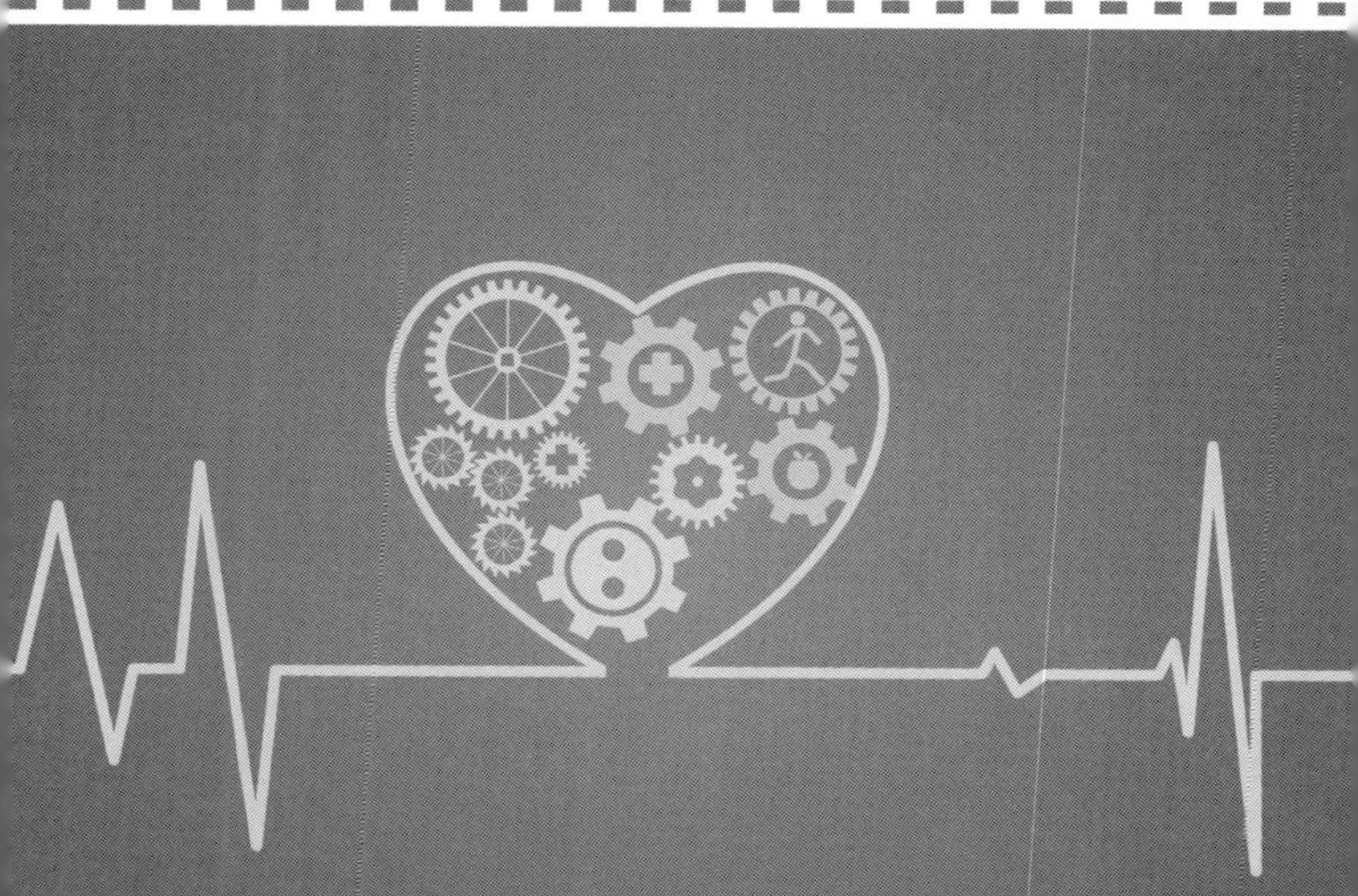

現状を見直して〝青い鳥〟探しをやめる方法

もっといい会社はないかと転職を繰り返す人がいる。こういう人の心理状態を、〝幸せの青い鳥〟を探す『青い鳥』の童話にかけて「青い鳥症候群」と呼ぶことがある。

しかし、転職を繰り返していることからわかるように、次の職場に行っても自分が求めているものが見つかるとは限らない。それよりも、今の環境で仕事を楽しめるように努力したほうが転職するよりもメリットが大きいこともあるのだ。

辞める前に、まずは自分なりにやり方を工夫するなど、楽しく働く努力をしてみよう。そうすると「仕事力」を磨くことにつながるし、転職の理由としてよくあげられる人間関係も、コミュニケーションのトレーニングのうちだと考えることができるようになる。

「夢は完了形で語ると実現する」というのはどこまで本当？

夢の実現のためには、それを常に口にしたり、紙に書き出したりするのがいいといわれる。そうすることで常に意識できるために目標がブレなくなるからである。

だが、「独立して開業したい」などといくら大きく紙に書いても、実現にはほど遠い。「～したい」という願望型の書き方では、自分の意識にしっかりと刷り込めないからだ。

どうせ紙に書き出すのなら「独立開業する！」「マイホームを建てる！」ときっ

ぱりと断言し、その夢を叶えた自分をリアルにイメージしたほうがいい。

人から妄想だといわれようがかまうことはない。想像力を大いに膨らませて、完了形の未来を見ることができた人のほうが成功者になれるチャンスが高いのである。

大ぶろしきを広げるよりも効果的な目標の立て方

「夢は大きく持とう！」といわれる。確かに、せせこましい夢より、大きな夢を持ったほうが人生が豊かになる気がする。

しかし、これが「目標」になると話は別だ。大きすぎる目標を立ててしまうと、何から手をつけていいのかわからなくなってしまうからだ。これでは目標の達成どころか、初めの一歩すら踏み出すことができなくなってしまう。

たとえば年初に立てる目標は、「禁煙する」「絶対痩せる」など、多くの人が大ぶろしきを広げがちだが、千里の道も一歩から、ということわざもある。まずは手近な目標を立て、それを積み重ねることこそが大きな目標を達成するための唯一絶対の方法なのである。

「レコーディング」で達成感を可視化する

何をどれだけ食べたかを記録していく「レコーディング・ダイエット」なるものが話題になったことがある。

たしかにダイエットに限らず、記録するという行為は、客観的に分析したり、視覚的にも達成感を得ることにひと役買ってくれる。つまり、何かを続けようと思ったら、必要なのは決意ではない。記録するための紙とペンなのである。

その記録の方法は、できるだけ簡単なほうがいい。やるべきこと、やったことを書き出して、○×をつける程度でいいのだ。

簡単な記録でも毎日積み重ねることで、見返した時の達成感が得られる。その記録を眺めることが、継続への原動力になるのだ。

“鳥の目”で見れば仕事は早く確実になる

意欲はあるのに結果がなかなかついてこないことはあるが、じつは、仕事で成果が上げられるかどうかは、「思考ができている」か「思考不足」かで変わる。

思考不足とは、与えられた仕事に対して言われたままの作業を何の疑問も持たずにやるということだ。目先の作業はバリバリこなせるが、仮に非効率だとしても気がつかない。

しかし「思考ができている」状態の人は、なんのためにやる仕事なのかをきちんと理解していて、仕事の全体像が明確にイメージできる。現在地から目的地までの距離を測り、必要な最短距離を計算したうえで作業に取りかかるのでムダがないのである。仕事が空回りしやすい人は、「思考不足」かもしれない。自分の頭で考えるくせをつけよう。

効率よく結果を出すために必要な「逆算」とは?

〝棚からぼた餅〟的な人生はうらやましいが、現実の世界はもっと地道で、一定の成果に辿り着くには、ある程度の努力と時間が必要になる。「成果を出したい」「成功したい」と思うなら、目標とするゴールから「逆算の行動」で仕事をすべきだろう。

たとえば、10分後に必ず食事をしたい場合、いつお湯を沸かしてカップラーメンにお湯を注げばいいかを考えるように、「1ヵ月後にノルマを達成するにはどうすればいいか」「1年後にリーダーになるにはどうすればいいか」など、逆算して行動することを習慣にできれば、非効率な回り道をせずに目標に到達できる。

これを継続していけば、しだいに大きな目標を達成するための道筋が見えるのだ。

周囲の期待がプレッシャーになったら自己暗示で乗り切る

人は周囲から過度に期待をされるとプレッシャーを感じるものである。そんなときは、期待は飛躍への〝言動力〟だと考えてみよう。

というのも、人は無意識のうちに周囲の期待に応えようとし、結果として期待通りの言動をする傾向があるからである。

これは「自己成就予言」といわれる現象で、たとえば上司から「君は聞き上手だから、お客様が君にはつい本音を話してしまうみたいだな」と褒められたとしよう。するとそれを期待されていると感じてしまい、今まで以上に聞き上手になろうと行動する。つまり、無意識に自分に暗示をかけるのと同じ効果が得られるのだ。

つまらない仕事を楽しくやる心の持ち方

ビジネスの場ではいつも希望どおりの仕事ばかりができるわけではない。しかし同じ仕事が面白くなるか、つまらなくなるかは心の持ち方しだいで変わってくる。

こんな時、ゲーム感覚を取り入れるのも面白さを生み出すコツだ。「どうしたら3日で作業が完了するかに挑戦」といった目標を設定してもいいし、同僚とどちらが先に仕事を片づけられるかを競争してもいい。

そして「これが成功したら評価が高くなるかも」とか「新しい知識を身につけるチャンスだ」など、自分のモチベーションを上げる理由をつくり出すのだ。そうしているうちに、つまらない仕事は楽しい仕事になり、周囲の評価も変わってくる。

たくさん悩めば「ブレイクスルー」は必ず訪れる

努力を続けてもいっこうに成果が見えない仕事がある。こんな時は、停滞期の先には必ず「ブレイクスルー」、すなわち突破の瞬間が訪れることを覚えておこう。

ある一線を突破する時には停滞期にぶつかるものである。だが、スムーズに解けなかった数学の問題が、練習問題をやり続けていたらある日突然、解き方のパターンが見えて答えを導き出せるように、ブレイクスルーは必ず訪れる。

そして、一段階成長した自分になれるのだ。

この法則を知っているのと知らないのとでは大違いだ。コツコツと続けていればいつか突破の時が来ると理解している人は、停滞期でも腐らずに粘れるのである。

時間の使い方で勝ち組になれば心理的負担はグンと減らせる

いつの世も努力ではどうにもならないことは存在するが、「時間」だけは誰にでも平等に与えられている。

ならば、その時間の使い方については努力をして勝ち組になれるようにしたいものだ。

同じ仕事でも半日で終わらせるのと、丸1日かかるのでは残った時間に歴然の差が出る。

だが、段取りや手際、集中力など、取り組みしだいで誰でも半日で終わらせることは可能だ。

人間が集中できる時間はせいぜい2~3時間といわれている。たとえば、ひとりなら1日はかかりそうな仕事があったとしたら、数人に手伝ってもらって振り分ければ半日で終わるはずだ。

時間の勝ち組になるには、仕事の進め方に対するアイデアをたくさん持つこと。そして、そのための準備や段取りをすることが重要なのだ。

仕事の大きな流れをつかむだけで焦りは減らせる

目の前の仕事をこなすことは大事だが、できればもっと大きな「流れ」を意識するようにしたい。

たとえば、月の初めは快調に仕事をこなしていても、そのうちイレギュラーの仕事が入ることもあれば、体調を崩して会社を休むこともある。

こんな時こそ、慌てずに着実に仕事をこなすようにしたい。そのためにはノルマを減らしてもいい。なぜなら、慌てて1日のノルマを増やして「流れ」が変わることのほうが、非効率になる可能性があるからだ。

仕事には必ず波があるので、1ヵ月なら1ヵ月全体をひとつのスパンとして、流れの中で仕事をこなすというイメージを持ってみよう。

心の健康をキープするために時には「信念」を捨ててみる

些細なことをやたらと深刻にとらえてうまくいかない人がいる。こういうタイプには「信念を持ちすぎるな」というアドバイスを送ろう。

たしかに、生きていくうえでは自分なりの「信念」や「信条」みたいなものが必要になってくる。しかし、そこにこだわりすぎると、それが結果的に自分を苦しめることになる。

もしも結果がすべてと考える人が仕事で失敗をすれば、心を病むほどのダメージを受け、会社を辞めたいと思うまでに追い込まれてしまうだろう。

揺れない橋よりも揺れる橋のほうが強度があるように、毎日ピンと張り詰めているよりも、多少なりとも〝あそび〟や妥協があるほうがしなやかで強いのだ。

「3回までは許す」ことで心はもっとラクになる

どんなことでも、白か黒、あるいは1か0かでモノを考える人がいる。潔いといえば潔いが、こういう人は極端で非情な人という印象も否めない。

もしも、あなたがこの思考で凝り固まっているようなら、仏の顔も三度まではないが、自分の中で何度目までなら猶予を与えるという考え方に切り替えたほうがいい。たとえば、裏切りは人として許せない行為だが、事情しだいでは「許す」という選択肢もあるのだ。

それに、イチゼロ思考で心がガチガチになってしまうと、チャンスを棒に振ることもある。また、どうしても〝上から目線〟になるために印象は悪くなる一方だ。

もし自覚があるなら、一度は許してことの成り行きを見守る。こんな心の余裕を持つようにしよう。

本当にやりたいことは紙に書いて声に出して読めば願いはかなう

本当はやりたいことがあるのに、「大人だから」とガマンしている人は多いだろう。人の心理では、思うがままに何かをしたいという「行動欲求」と、その一方で万が一失敗した時に自分が傷つくことを恐れる「自己愛」との葛藤が日々行われている。

ところが、多くの場合は自己愛のほうが上回ってしまうため、無意識のうちに自分にストップをかけてあきらめてしまうことになる。ましてや、以前に失敗して苦い思いをしたことがあると、なおさら臆病になってしまうのだ。

前述した方法だが、そんな時は、やりたいことを紙に書いて、何度も声に出してそれを読み上げるようにしよう。これを繰り返すことで目標は身近なものとなり、現実味を帯びてくるのだ。

時には「ビッグマウス」が追い風に！

将来有望なアスリートや、やる気まんまんの起業家などは必要以上のビッグマウスでアピールするタイプが多い。彼らが必要以上に自己主張するのは、第三者に向けて大きな目標を宣言するためだ。

じつは、彼らはこうすることで自らを追い込み、あえてあとには引けない状況にしている。目標は、他人に話した時点でそれは周知の事実となる。いわばこのプレッシャーが目標達成への追い風となっているのだ。

特に不安が大きければ大きいほど、この宣言には効果がある。どっちに転ぶかわからないような契約や、とうてい達成できないようなノルマなど、自分で難しいと思った時こそ高らかに勝利宣言してしまえば、未知なる潜在能力が発揮できるかもしれない。

「80点」を目指して十分に力を発揮する方法

「絶対にミスをしないぞ」と気負い込むあまり、「つまらないミスをしたらどうしよう」と不安になり、緊張でふだん持っている力すら十分に発揮できないことがある。

不安が適度の緊張感となって仕事にプラスに働けばいいが、このように不安が勝りそうな時には、あえて100点満点の仕事をめざさず、80点もできれば成功だと思うようにすればいい。「人間は誰でも些細なミスは犯すもの」だから、「80点とれれば十分なのだ」と自分に言い聞かせるのだ。そうすれば、心にゆとりが生まれ、自信を持って仕事をこなすことができるはずである。

悩んだら問題点を書き出すと解決できるワケ

サラリーマンなら誰でも一度や二度は壁にぶつかり、ひとりで悩んだことがあるはずだ。すでに触れたように、こういう時の効果的なやり方は腕を組んでくよくよ考えるよりも、問題点を文字にして書き表すことである。

たとえば、商品が急に売れなくなって悩んでいる営業マンなら、原因を考えて自分なりに箇条書きにしてみるといい。

売れない理由は商品に欠陥があるのか、自分のセールストークが間違っているのか、問題となりそうな部分を納得がいくまで列挙してみるのだ。

じっと考えているよりも、文字で書き表すことで、はるかに早く問題の解決方法を見つけることができる。

ストレスを克服する考え方のコツ

ストレス学の専門家によれば、ストレス系の病気にかかる人は極端に利己的か、逆に極端に自己犠牲的かのどちらかだという。

そこで次の点に注意すると、ストレスを感じないで生きることができるという。ぜひ、試してみてほしい。

まず、「利他的」で「利己的」な生き方をすること。どういうことかというと、他人にとって自分が必要な存在となることで、自分にも利益が得られるように生きることである。

次に自分のストレスのレベルを見極めて、それをできるだけ超えないような生き方をする。そして、自分の目標が本当に自分自身が達成したいものであるかを確認するのだ。

少しでもストレスを感じたら、自分の存在意義というものを確認し、けっして無理はせずポジティブな心で過ごしてみるのだ。

それが早期回復のコツといえるのである。

上手なスケジュール管理は「時間の先取り」が秘訣

やりたいことが山ほどあるものの、なかなか実行に移せないという人は、あらかじめそのやりたいことをスケジュールに組み込んでしまおう。暇ができたらやるのではなく、先取りしておくのだ。

そして大切なのは、それを必ず実行に移すこと。スケジュールを組んでもそのとおりに行動しなければ、組んだ意味がなくなってしまう。

こうした時間の先取りを繰り返すうちに、いつのまにかスケジュールを組まなくても自分で時間の調整ができるようになるはずだ。

そうなれば1日の中で、あるいは1週間や1カ月という単位の中でメリハリのある生活を送れるようになり、ストレスがたまることもなくなるはずである。

徹夜するより寝てしまったほうがアイデアは浮かぶ!?

何をどう考えてもいいアイデアがひらめかない時は、ただ机に向かってウンウン唸っているだけでは逆効果だ。「ひらめき」は次のような過程を通って起きる。

まず、問題を多角的に検討する「準備期」。つまり、「ノルマが達成できないのはなぜか」「プレゼンの失敗要因」といった改善点への問題意識を確認する。次に「あたため期」。ここでは自分のなかでアイデアを寝かせるのだ。

このあとはいよいよ「啓示期」すなわち「ひらめき」の時である。これがいつやってくるかは本人には予測できないが、じつは就寝前や就寝直後など、脳がリラックスしている状態の時のほうが訪れやすいことがわかっている。

徹夜でアタマを悩ませるよりは、いっそ自宅に戻ってさっさと寝てしまったほうが思いもよらない名案が浮かぶかもしれないのだ。

「うまくいかない自分」は自己コントロールする

うまくいかないことがあると「今度も無理かもしれない」と弱気になりがちだ。逆に何もかもが思い通りに進む時は、「今回もうまくいく!」と思って行動する。そんな両者に共通しているのは、結局どちらも自分が思った通りの結果を招いているということだ。

それならば、そこに根拠があろうとなかろうと、あるいはだめモトでも「物事はすべて自分の思い通りになる」とポジティブに考えたほうがいい。

とにかく、自信を持って生きていったほうが得だし、そう考えるだけで人生は楽しい方向に向くはずだ。

自分の気持ちを前向きにコントロールできる人ほど収入が高いという海外の調査結果もある。考え方ひとつで人生は劇的に良くなる可能性があるというわけだ。

何をやっても長続きしない人の意外な共通点とは？

何度も転職を繰り返し、なかなか同じ職場にいられない人はどの世代にもいるものだ。

とくに、終身雇用が崩壊して以降の若い世代に多い傾向があるが、仕事が長続きしない理由のひとつは「理想の自分」ばかりを追いかけてしまうことにある。

仕事に就いても、想像していたのと違って理想と現実にギャップがあると、すぐに「もう辞めたい」と思ってしまう。目の前の仕事の壁を自分の力で乗り越えていこうという努力はしないのである。

それどころか、自分にはもっと合った仕事があるはずだと新しい理想の自分を描き始めて、「これからの時代はクリエイターだ」などとほかの職業に憧れたり、「やはり自分には大企業じゃないと…」ととんだ見当違いも生まれたりする。

結局は根気がないからどの道に進んでも続かないのだが、自尊心だけは高いから「自分にはもっとすごいことができるはず」と夢見てしまうのだ。

こういう人は、見つかるかどうかもわからない理想の自分を探し続けるよりも、まずは目の前の仕事をやり抜くことを目標に掲げてみるといい。転職などしなくても、それまでよりレベルアップした自分に出会えるはずだ。

◆参考文献

『心理学―心のはたらきを知る―』（梅本堯夫、大山正、岡本浩一／サイエンス社）、『心理学の基礎』（糸魚川直祐、春木豊／有斐閣）、『面白いほどよくわかる！心理学の本』（渋谷昌三／西東社）、『人間関係に活かす！使うための心理学』（ポーポー・プロダクション／PHP研究所）、『心理学・入門　心理学はこんなに面白い』（サトウタツヤ、渡邊芳之／有斐閣）、『図解でわかる心理マーケティング』（匠英一／日本能率協会マネジメントセンター）、『【図解】人の心を手玉に取れる心理操作』（内藤誼人／KKベストセラーズ）、『徹底図解社会心理学』（山岸俊男監修／新星出版社）、『よくわかる産業・組織心理学』（山口裕幸、金子篤子編／ミネルヴァ書房）、『フシギなくらい見えてくる！本当にわかる心理学』（植木理恵／日本実業出版社）、『【図解】一瞬で人を操る心理法則』（内藤誼人／PHP研究所）、『らくらく入門塾心理学講義』（渋谷昌三／ナツメ社）、『なぜ、あの人は〝人付き合い〟が上手いのか』（和田秀樹／ゴマブックス）、『なかなか決められない！損な人たちの心理分析』（齊藤勇／大和書房）、『自分がわかる！相手がわかる！使える！心理学』（菅野泰蔵監修／洋泉社）、『幸運をつかむ人の心理学』（渋谷昌三／文香社）、『人間関係がラクになる心理学（愛蔵版）』（國分康孝／PHP研究所）、『イヤな気分をうまく手放す気持ちの切り替え方　落ち込み・不安・怒りとつきあう心理テクニック』（最上悠／PHP研究所）、『人の心がこわいほどわかる深層心理トリック』（樺旦純／日本文芸社）、『面白いほどうまくいく心理戦術』（渋谷昌三／東洋経済新報社）、『相手をどう読み自分をどう見せるか』（齊藤勇／日本実業出版社）、『おもしろくてためになる心理学雑学事典』（渋谷昌三／日本実業出版社）、『これだけは知っておきたい「心理学」の基本と実践テクニック』（匠英一／フォレスト出版）、『大事なときに緊張しないですむ方法　肩の力がフッと抜けるリラックス術』（松本桂樹／大和書房）、『齋藤式潜在力開発メソッド』（齋藤孝／マガジンハウス）、『やる気の育て方』（海原悠雲／インフォトップ出版）、『「仕事がイヤ！」を楽にするための本』（笹氣健治／秀和システム）、『自分は評価されていないと思ったら読む本』（小笹芳央／幻冬舎）、『Happy 名語録』（ひすいこたろう＋よっちゃん／三笠書房）、『「行動力」で成功する人の7つの習慣』（植西聰／KKロングセラーズ）、『ビジネスセンス10倍アップ土曜日力の鍛え方』（小石雄一／明日香出版社）、『自分に気づく心理学（愛憎版）』（加藤諦三／PHP研究所）、『他人は変えられないけど、自分は変われる！』（丸屋真也／リヨン社）、『しぐさのウラ読み』（匠英一／PHP研究所）、『心理分析ができる本』（齊藤勇／三笠書房）、『急いでいるときにかぎって信号が赤になるのはなぜ？』（セルジュ・シコッティ、神田順子・田島葉子訳／東京書籍）、『「こころのピンチ」を救うシンプルな考え方』（和田秀樹／新講社）、『人生を好転させる「新・陽転思考」』

事実はひとつ考え方はふたつ』（和田裕美／ポプラ社）、『「こころ」の発見〝本当の自分〟はどんな人間か？』（渋谷昌三／文香社）、『こころが軽くなる気分転換のコツ』（大野裕／大和書房）、『必ず！「プラス思考」になる7つの法則 たったこれだけの習慣考え方』（和田秀樹／新講社）、『「プチ楽天家」になる方法 こころのお医者さんが教える』（保坂隆監修／PHP研究所）、『「プラス思考の習慣」で道は開ける』（阿奈靖雄／PHP研究所）、『心理操作で人は9割動く！「こんなことだけで⁉」なぜ、相手の心が動くのか？』（樺旦純／三笠書房）、『権力者の心理学』（小田晋／悠飛社）、『「つかみ」の大研究』（近藤勝重／毎日新聞社）、『人は見た目が9割』（竹内一郎／新潮社）、『なぜか「人が集まる人」の共通点』（鴨下一朗／新講社）、『一緒に仕事をしたくない「あの人」の心理分析』（ジェームズ・ウォルドループ＋ティモシー・バトラー、藤井留美訳／飛鳥新社）、『社会心理学キーワード』（山岸俊男編／有斐閣）、『「他人が読める」と面白い』（渋谷昌三／新講社）、『悩まない技術』（辻裕美子／主婦の友社）、『「心理戦」で絶対に負けない本』（伊藤明、内藤誼人／アスペクト）、『あなたの意見はなぜ通らないのか』（島田士郎／日本文芸社）、『「ことば」の心理テクニック』（富田隆監修／永岡書店）、『仕事を「すぐやる人」の習慣先送りにしないテクニック』（「THE21」編集部編／PHP研究所）、『仕事の心理法則』（多湖輝／ごま書房）、『人を動かすほめ方、叱り方、励まし方』（小貫隆／ぱる出版）、『絶対相手にNOと言わせない心理交渉術』（内藤誼人／オーエス出版社）、『「きっと芽が出る人」の法則』（江口克彦／PHP研究所）、『最後に思わずYESと言わせる最強の交渉術』（橋本徹／日本文芸社）、『営業マンは心理学者！』（高城幸司／PHP研究所）、『プレジデント2005年2月14日号、3月7日号、10月3日号』（プレジデント社）、『THE21 2006－11、2010－04・07・08・10』（PHP研究所）、『ダーナ2010夏号』（佼成出版社）『プレジデントFamily 2009－09』（プレジデント社）、ほか

◆ホームページ
エキサイトニュース、ほか

本書は『図解ここ一番で「武器」になる！秘密の心理学ノート』（2012年／小社刊）、『1日1分！できる大人の心を強くするツボ』（2010年／小社刊）、『相手の「本音」はどこにある？』（2006年／小社刊）に新たな情報を加え、改題の上再編集したものです。

青春文庫

手に取るようによくわかる！他人の心理と自分の心理

2017年1月20日　第1刷

編　者　おもしろ心理学会
発行者　小澤源太郎
責任編集　株式会社プライム涌光
発行所　株式会社青春出版社
〒162-0056　東京都新宿区若松町12-1
電話 03-3203-2850（編集部）
03-3207-1916（営業部）
振替番号　00190-7-98602
印刷／中央精版印刷
製本／フォーネット社
ISBN 978-4-413-09662-1

ほんとうのあなたに出逢う　青春文庫

日本人の9割が知らない 日本の作法

本来の作法は、動きに無駄がないから美しい！
小笠原流礼法の宗家が明かす、
本当はシンプルで合理的な「伝統作法」の秘密

小笠原清忠

(SE-660)

なぜ、魔法使いは箒で空を飛ぶのか

「魔法の世界」の不思議を楽しむ本

「杖」を使う理由は？
「魔法学校」は実在した？
ファンタジー世界を読み解くための道案内。

山北　篤［監修］

(SE-661)

手に取るようによくわかる！ 他人の心理と自分の心理

「感じのいいメール」を書く人の深層心理…
ほか気になる「こころ」の法則を
集めた、ハンディな人間心理事典。

おもしろ心理学会［編］

(SE-662)

大人の教科書 日本史の時間

基礎知識から事件の真相まで
〝常識〟が楽しく身につく
教科書エンターテイメント

大人の教科書編纂委員会［編］

(SE-663)